C·H·Beck
PAPERBACK

Die Themen Flüchtlings- und Einwanderungspolitik haben nach Meinungsumfragen für die Bundesbürger höchste Priorität. Doch Mythen und Legenden bestimmen oftmals die Diskussion, nicht nur im Umfeld von Pegida. Dem will dieses Buch abhelfen. Anschaulich und leicht verständlich führt es in die wichtigsten Daten, Fakten, Zusammenhänge und Entwicklungen ein – eine wichtige Orientierungshilfe für die Debatte im Einwanderungsland Deutschland.

Karl-Heinz Meier-Braun ist Integrationsbeauftragter des Südwestrundfunks, Honorarprofessor für Politikwissenschaft der Universität Tübingen und Vorstandsmitglied im Rat für Migration.

Karl-Heinz Meier-Braun

Die 101 wichtigsten Fragen
Einwanderung und Asyl

Verlag C.H.Beck

1. Auflage. 2015

Originalausgabe

2. aktualisierte Auflage. 2015
© Verlag C.H.Beck, München 2015
Satz: Fotosatz Amann, Memmingen
Druck und Bindung: Druckerei C.H.Beck, Nördlingen
Umschlagentwurf: nach einem Konzept von malvyteufel, Willich
Umschlagabbildung: © Jürgen Fälchle/Fotolia
Printed in Germany
ISBN 978 3 406 68355 8

www.beck.de

Inhalt

Vorwort 10

I. Statistik
1 Wie viele Ausländer leben in Deutschland? 13
2 Was ist ein Migrationshintergrund? 15
3 Wie viele Menschen mit Migrationshintergrund leben in Deutschland? 15
4 Wie viele deutsch-ausländische Ehen gibt es? 17
5 Wie viele Migranten und Flüchtlinge kommen nach Deutschland? 18
6 Ist Deutschland das Hauptzielland von Flüchtlingen und Migranten – wie viele sind weltweit unterwegs? 18
7 Kann man den Zahlen zu «Einwanderung und Asyl» trauen? 21

II. Geschichtliches
8 Hatte Goethe türkische Vorfahren? 24
9 Wie erging es den deutschen Auswanderern in Amerika? 24
10 Wäre Deutsch beinahe zur Amtssprache in den USA geworden? 25
11 Mit welchen Ländern hat Deutschland Anwerbeabkommen abgeschlossen? 25
12 Von wem stammt eigentlich das berühmte Zitat «Man hat Arbeitskräfte gerufen, und es kamen Menschen»? 26
13 Was wurde aus dem einmillionsten Gastarbeiter und seinem Moped? 27
14 Wie haben sich Kultur, Kunst und Literatur in Deutschland durch die Einwanderung verändert? 28
15 Auf welche Migrationsgeschichte blicken die Bürger der früheren DDR zurück? 30

III. Grundlagen und Begriffe

16 Was heißt Migration? 33
17 Was ist Integration? 33
18 Warum wandern Menschen aus und verlassen ihre Heimat? 34
19 Wie wurde Deutschland zum Einwanderungsland? 35
20 Ist Deutschland ein Auswanderungsland? 37
21 Was wäre Deutschland ohne Ausländer? 38
22 Wie schneidet Deutschland im internationalen Vergleich ab? 39
23 Wie sieht die Migrationspolitik der anderen europäischen Länder aus? 40
24 Was ist zirkuläre bzw. temporäre Migration? 41
25 Welche Rolle spielen Integrationsgipfel und der nationale Integrationsplan? 43
26 Wie wichtig sind Migrantenorganisationen? 44
27 Welche Aufgaben hat das Bundesamt für Migration und Flüchtlinge (BAMF)? 45
28 Was ist die Deutsche Islamkonferenz? 46
29 Wie sieht die Integrationspolitik der Bundesländer aus? 46
30 Was sind Integrationsbeauftragte? 48
31 Wie beteiligen sich Migranten am politischen Geschehen in Deutschland? 50

IV. Gruppen von Einwanderern

32 Was sind Gastarbeiter? 53
33 Was sind Flüchtlinge und Asylbewerber? 53
34 Sind die Flüchtlinge, die nach dem Zweiten Weltkrieg in Deutschland Schutz fanden, keine Migranten? 55
35 Sind Italiener «Deutsche»? 56
36 Sind Türken integrationsunwillig? 57
37 Sind Griechen und Spanier die vergessenen Ausländer? 61
38 Gibt es überhaupt noch Portugiesen in Deutschland? 64

39 Was ist aus den Migranten aus dem ehemaligen Jugoslawien geworden? 65
40 Welche Rolle spielt die polnische Minderheit in Deutschland? 67
41 Wie steht es um die jüdische Gemeinde? 68
42 Was sind «Zigeuner» bzw. Sinti und Roma? 70
43 Was sind (Spät-) Aussiedler? 73

V. Mittelmeerflüchtlinge

44 Was ist FRONTEX? 74
45 Warum versuchen so viele Menschen, über das Mittelmeer Europa zu erreichen? 75
46 Auf welchen Routen kommen Flüchtlinge nach Europa? 75
47 Woher kommen die Mittelmeerflüchtlinge – erhalten sie Schutz in Europa? 77
48 In welche Länder wollen die Mittelmeerflüchtlinge? 77
49 Versagt Europa in der Flüchtlingspolitik? 78

VI. Flüchtlinge: Recht und Aufenthalt

50 Wie verläuft das Asylverfahren? 85
51 Was sind sichere Drittstaaten? 89
52 Was sind sichere Herkunftsstaaten? 89
53 Wie läuft das Flughafenverfahren? 90
54 Was ist der Königsteiner Schlüssel? 90
55 Was ist subsidiärer Schutz? 91
56 Was ist das Dublin-Verfahren? 92
57 Was steht in der Genfer Flüchtlingskonvention? 93
58 Welche Leistungen erhalten Asylbewerber? 94
59 Was sind Kontingentflüchtlinge? 96
60 Was sind «umF»? 96
61 Was ist eine Duldung? 98
62 Was ist «Kirchenasyl»? 99
63 Was sind Härtefallkommissionen? 100
64 Wie verläuft die Abschiebung bzw. Ausweisung? 101

VII. Arbeitsmigranten: Recht und Aufenthalt

65 Was steht im Zuwanderungsgesetz? 103
66 Was ist eine Aufenthaltserlaubnis? 105
67 Was ist eine Niederlassungserlaubnis? 106
68 Wer erhält Arbeit in Deutschland? 106
69 Was ist die Green Card bzw. Blue Card? 108
70 Wie erwirbt man die deutsche Staatsangehörigkeit? 109
71 Was ist der Einbürgerungstest? 112
72 Wie ist der Familiennachzug geregelt? 113
73 Was beinhaltet das Anerkennungsgesetz? 114

VIII. Kontroversen und Konflikte in Politik und Gesellschaft

74 War die Gastarbeiteranwerbung ein Fehler? 116
75 Was denkt die Mehrheitsgesellschaft über Einwanderung und Asyl? 116
76 Sind die meisten Einwanderer «Wirtschaftsflüchtlinge», findet eine Einwanderung in die Sozialsysteme statt? 118
77 Sind Ausländer krimineller als Deutsche? 121
78 Wie gefährlich sind Islamismus und Salafismus? 122
79 Wird Deutschland islamisiert? 123
80 Ist der Islam Teil Deutschlands? 124
81 Was sind Parallelgesellschaften? 125
82 Worum geht es beim «Kopftuchstreit»? 127
83 Wie verbreitet sind Fremdenfeindlichkeit und Rechtsextremismus in Deutschland? 131
84 Was sind «illegale» oder «irreguläre» Migranten? 133
85 Ist die Integration gescheitert? 134
86 Ist die multikulturelle Gesellschaft tot? 135
87 Hat die «Sarrazin-Debatte» Deutschland geschadet? 137
88 Welche Rolle spielen die Medien in der Einwanderungsgesellschaft? 141
89 Was bedeuten Diskriminierung und Antidiskriminierung? 143
90 Welchen Einfluss hat PEGIDA? 144

IX. Zukunftsperspektiven von Einwanderung und Asyl

91 Werden in Zukunft mehr Flüchtlinge und Migranten zu uns kommen? 147
92 Ist Deutschland verstärkt auf Einwanderung angewiesen? 148
93 Brauchen wir ein Einwanderungsgesetz? 151
94 Ist Kanada ein Vorbild für Deutschland? 152
95 Was wird aus den Gastarbeiterrentnern? 153
96 Was ist die Willkommens- und Anerkennungskultur? 154
97 Was ist Diversity Management? 154
98 Welche Rolle spielt die kommunale Integrationspolitik? 155
99 Kann der Sport die Integration beflügeln? 155
100 Ist die Zeit reif für ein Migrationsmuseum bzw. ein Denkmal für die Gastarbeiter? 157
101 Was können wir selber tun? 157

Wo kann man sich am besten über Einwanderung und Asyl informieren? 159

Vorwort

Deutschland befindet sich im Herbst 2015 in einer «Flüchtlingskrise». «Wir schaffen das, da bin ich ganz fest davon überzeugt.» Mit diesen Worten nahm Bundeskanzlerin Angel Merkel in der ARD-Sendung «Anne Will» am 8. Oktober 2015 ausführlich zur Flüchtlingspolitik Stellung. Merkel sprach von einer historischen Bewährungsprobe und der vielleicht schwierigsten Aufgabe seit der Wiedervereinigung. Am 4. September hatte die Bundeskanzlerin erlaubt, dass Flüchtlinge aus Ungarn über Österreich einreisen durften. Mit dieser Entscheidung und ihren Worten, das Grundrecht auf Asyl kenne «keine Obergrenze», stieß sie nicht nur auf Zustimmung, sondern erntete auch teils scharfe Kritik. Der bayerische Ministerpräsident Horst Seehofer drohte sogar mit einer Klage vor dem Bundesverfassungsgericht, falls der «Flüchtlingsstrom» nicht gestoppt würde. Merkel war offensichtlich dahingehend missverstanden worden, dass sie Tür und Tor für alle Flüchtlinge öffnen wollte. Dass es so nicht gemeint war, zeigte sich kurze Zeit später, als Deutschland Grenzkontrollen einführte und restriktive Maßnahmen durch Bundestag und Bundesrat «gepeitscht» wurden. Auf jeden Fall machte die Bundeskanzlerin die Flüchtlingspolitik im September zur Chefsache, ähnlich wie schon 2005, als sie das Thema Migration und Integration im Bundeskanzleramt verankerte und eine Staatsministerin für diese Aufgaben ernannte. Sicher ist: Die größte Herausforderung in den nächsten Jahren ist die Integration der Flüchtlinge, von denen nicht alle, aber viele für immer hier bleiben werden. Die Politik muss eine klare, berechenbare und vorausschauende Flüchtlingspolitik entwickeln, kurzfristige verwaltungstechnische Maßnahmen sind zwar auch wichtig, werden das «Flüchtlingsproblem» aber nicht lösen.

In der aufgeheizten Flüchtlingsdebatte gerät in Vergessenheit, dass Deutschland bereits Anfang der 1990er Jahre eine halbe Million Asylanträge zu verarbeiten hatte. Stuttgart nahm damals vorübergehend mehr Flüchtlinge aus Jugoslawien auf als ganz Großbritannien. Im Rahmen der «Gastarbeiteranwerbung» sind von 1955 bis 1973 rund 14 Millionen Menschen eingewandert und rund 11 Millionen wieder zurückgekehrt. Deutschland hat ebenfalls die Integration von 12,5 Millionen deutschen Heimatvertriebenen und fast fünf Millionen Spätaussiedlern bewältigt.

Seit vielen Jahren leben Menschen mit Migrationshintergrund in Deutschland, und wir haben mehr Erfahrung mit der Integration von Zuwanderern und Flüchtlingen, als wir meinen. Dies scheint angesichts der sich rasant verändernden Lage und der verständlichen Sorge der Bevölkerung gelegentlich übersehen zu werden, wobei die Botschaft doch eigentlich lauten sollte: «Wir haben das schon öfters geschafft!».

Die Zahl der Ausländer hat mit 8,2 Millionen zum Jahresende 2014 eine Rekordmarke erreicht. Nach den USA ist Deutschland das zweitbeliebteste Zielland für Einwanderer innerhalb der OECD (Organisation für Wirtschaftliche Zusammenarbeit und Entwicklung), also innerhalb der reichen Industrienationen. Was die Zahl der Asylanträge angeht, so lag die Bundesrepublik zwischenzeitlich sogar weltweit an der Spitze. 16,5 Millionen Menschen haben hier einen Migrationshintergrund, was einem Bevölkerungsanteil von 20,5 Prozent entspricht. Würde man die deutschen Heimatvertriebenen und Flüchtlinge, die nach dem Zweiten Weltkrieg in Deutschland Schutz fanden, hinzurechnen, so würde sich dieser Anteil mehr als verdoppeln, und das Land bestünde zur Hälfte aus Migranten.

Deutschland ist inzwischen zu einem der größten Einwanderungsländer der Welt geworden, was viele Fragen aufwirft, viel mehr als 101, die hier abgehandelt werden können. Fragen von einer beunruhigten Wählerschaft, auf die die Politik nur unzureichend Antwort gibt, wie aktuelle Befürchtungen vor dem Anstieg der Flüchtlingszahlen und vor einem «Heimatverlust» zeigen. Ängste, die zu verstehen sind, aber nicht nur in Wahlkämpfen auch immer wieder geschürt wurden, gab es bei jeder neuen «Einwanderungswelle»: vor den Millionen von Türken, die angeblich auf gepackten Koffern saßen, oder nach der EU-Osterweiterung vor den Polen. Seit Jahrzehnten leben wir friedlich mit Millionen von Türkinnen und Türken zusammen, von denen viele die deutsche Staatsangehörigkeit angenommen haben. Und viele Deutsche sind froh, wenn beispielsweise eine Polin die Oma pflegt oder die Wohnung putzt.

In diesem Buch werden u. a. Fragen aufgegriffen, die nach Beiträgen in Funk und Fernsehen, nach Diskussionen und Vorträgen gestellt wurden. Die Antworten können aus Platzgründen nur kurz ausfallen und sollen zur weiteren Beschäftigung mit dem facettenreichen Thema «Einwanderung und Asyl» anregen, das auf absehbare Zeit eine wichtige Rolle spielen wird – nicht nur in Deutschland. Es ist ein Experiment, das umfangreiche Feld kurz und knapp in Fragen und Antworten zu behandeln. Aufgrund der Aktualität wurden während des Schreibens immer wieder neue Fragen aufgenommen und alte verworfen. Gewisse Überschneidungen bei den Fragen und Antworten lassen sich nicht vermeiden. Das Buch versteht sich als erste Einführung in das Thema, das zurzeit so sehr die Gemüter bewegt. Es soll gleichzeitig einen kleinen Überblick über das Migrationsgeschehen im Einwanderungsland Deutschland geben und einen Beitrag zur Versachlichung der Diskussion leisten. Die männlichen Formen (z. B. «Migranten») gelten selbstverständlich stets auch für Frauen (z. B. «Migrantinnen»).

Mein besonderer Dank gilt Dr. Sebastian Ullrich vom Verlag C.H.Beck. Das Buch widme ich meiner Frau Margot Meta Meier-Braun.

Stuttgart, im Oktober 2015
Karl-Heinz Meier-Braun

I. Statistik

1. Wie viele Ausländer leben in Deutschland? Bei der offiziellen Zahl der Ausländer in Deutschland gibt es zwei unterschiedliche Angaben: 6,8 bzw. 8,2 Millionen. Das liegt laut Statistischem Bundesamt an den voneinander abweichenden Daten des Ausländerzentralregisters (AZR) und des Zensus 2011, was dazu führt, dass auch in den Folgejahren die Ausländerzahl im AZR höher ist als die Ausländerzahl der Bevölkerungsfortschreibung. Immerhin schwanken die beiden Zahlen um 1,4 Millionen Menschen, was erhebliche Folgen nicht nur für die Integrationspolitik hat. Die knapp 8,2 Millionen Menschen mit ausschließlich ausländischer Staatsangehörigkeit, die nach Angaben des Statistischen Bundesamtes Ende 2014 in Deutschland lebten, führten zur höchsten Zahl, die seit der Einrichtung des Ausländerzentralregisters im Jahre 1967 gemessen wurde. Die Zahl der Ausländerinnen und Ausländer stieg im Jahr 2014 gegenüber 2013 um rund 519 300 Personen, also etwa um 6,8 Prozent. Bislang war die Ausländerzahl in Deutschland nur in zwei Jahren stärker angestiegen als 2014, nämlich 1992 um 613 500 und 1991 um 539 800. Diese Entwicklung wurde aus drei Quellen gespeist: aus einem Wanderungsgewinn – Unterschied aus Zuzügen und Fortzügen – in Höhe von 607 600 Personen, aus einem Geburtenüberschuss – Differenz aus Geburten und Sterbefällen – in Höhe von 20 700 Personen und aus der Löschung von 108 900 Personen aus dem Register, weil sie eingebürgert wurden.

Die neu ins Ausländerzentralregister aufgenommenen Personen stammen mit 306 700 zu fast 60 Prozent aus den Mitgliedstaaten

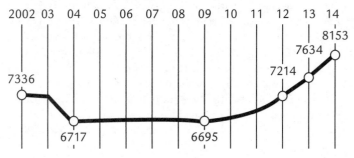

Ausländische Bevölkerung in Deutschland in Tausend

**Häufigste Staatsangehörigkeit von Ausländern 2014
und die Veränderung im Vergleich zum Vorjahr in Prozent**

Türkei	1 527 118	- 1,5 %
Polen	674 152	+ 10,5
Italien	574 530	+ 3,9
Rumänien	355 343	+ 32,9
Griechenland	328 564	+ 3,9
Kroatien	263 347	+ 9,5
Russland	221 413	+ 2,4
Serbien	220 908	+ 7,7
Kosovo	184 662	+ 8,1
Bulgarien	183 263	+ 24,8

Quelle: Ausländerzentralregister, Statistisches Bundesamt

der Europäischen Union. Sie lassen sich in drei Gruppen einteilen: Der größte Zuwachs (+ 147 200) kam aus den drei Ländern, die seit 2007 bzw. 2013 zur EU gehören. Dadurch hat sich die Zahl dieser Personengruppe um 22,5 Prozent erhöht. Dabei hatten Rumänien (+ 32,9 Prozent) und Bulgarien (+ 24,8 Prozent) den größten Anteil. Die zweite Gruppe besteht aus den zehn Staaten, die 2004 der EU beigetreten waren, mit einem Anstieg von 100 700 bzw. 10,9 Prozent gegenüber 2013. Diese Gruppe wurde von Polen (+ 10,5 Prozent) und Ungarn (+ 15,6 Prozent) angeführt. Etwas geringer war die Zuwanderung aus den von der Euro-Krise besonders betroffenen Mittelmeerstaaten (+ 48 600 bzw. 4,3 Prozent). Diese Gruppe wurde von Spanien (+ 8,3 Prozent) sowie Griechenland und Italien (jeweils + 3,9 Prozent) angeführt. Im Jahr 2013 war der Anteil der zweiten und dritten Gruppe noch deutlich höher gewesen. Aus Nicht-EU-Staaten hat die ausländische Bevölkerung 2014 um 212 600 oder 5 Prozent zugenommen. Der Zuwachs ging hier vor allem auf Zuwanderer aus Syrien (+ 61 300 bzw. 107,7 Prozent), Serbien (+ 15 900 bzw. 7,7 Prozent) und Eritrea (+ 14 100 bzw. 121,2 Prozent) zurück. Wie schon in den Jahren zuvor ist 2014 die Bevölkerung mit türkischer Staatsangehörigkeit in Deutschland vor allem aufgrund von Einbürgerungen zurückgegangen (- 1,5 Prozent).

2. Was ist ein Migrationshintergrund? Die Unterscheidung zwischen deutscher und ausländischer Nationalität hat sich nicht nur in der Statistik immer mehr als unzureichend erwiesen, weil sich inzwischen viele Ausländer haben einbürgern lassen. Integrationsmaßnahmen wie Sprachkurse oder schulische Förderungen sind aber nach wie vor für diese Gruppe notwendig. Deshalb wird seit 2005 in der amtlichen Haushaltsbefragung (Mikrozensus mit 1 Prozent Stichprobe der Bevölkerung) nach dem Migrationshintergrund gefragt, so dass auch Personen mit deutscher Staatsbürgerschaft erfasst werden, die eingebürgert wurden. Einen Migrationshintergrund haben daher sowohl die seit 1950 nach Deutschland Eingewanderten und deren Nachkommen als auch die ausländische Bevölkerung. Um einen Migrationshintergrund bescheinigt zu bekommen, muss man also entweder selber einen ausländischen Pass besitzen bzw. besessen haben oder Vater oder Mutter bzw. beide müssen eine ausländische Staatsangehörigkeit haben bzw. gehabt haben.

Der Begriff Migrationshintergrund wird zwar bisweilen belächelt und als zu «sperrig» bezeichnet, freilich ohne Alternativen anzubieten. Auch wird kritisiert, dass damit Menschen, die hier geboren und aufgewachsen sind, immer noch als Migranten in der dritten oder vierten Generation abgestempelt würden. Trotzdem hat er sich in den letzten Jahren durchgesetzt, auch wenn häufig nicht vermittelt wird, was genau damit gemeint ist. Um die Kritik aufzunehmen, wird zunehmend zwischen Menschen «mit/ohne eigene Migrationserfahrung» unterschieden. So soll vermieden werden, dass sich der Migrationshintergrund «unendlich» vererbt.

3. Wie viele Menschen mit Migrationshintergrund leben in Deutschland? Die Zahl der Personen mit Migrationshintergrund beträgt (nach dem Mikrozensus 2013) in Deutschland rund 16,5 Millionen. Sie machen damit einen Anteil an der Bevölkerung von rund 20,5 Prozent aus. Mit 9,7 Millionen hat der größte Teil der Bevölkerung mit Migrationshintergrund einen deutschen Pass. 6,8 Millionen waren (nach der Bevölkerungsfortschreibung) Ausländerinnen und Ausländer. Rund ein Drittel aller Menschen mit Migrationshintergrund ist in Deutschland geboren, etwa zwei Drittel sind zugewandert, haben eigene Migrationserfahrung. Etwa 70 Prozent der Zuwanderer stammen aus einem europäischen Land, rund 37 Prozent aus einem der Mitgliedstaaten der EU. Hauptherkunftsländer der Migranten sind:

Bevölkerungszusammensetzung 2013

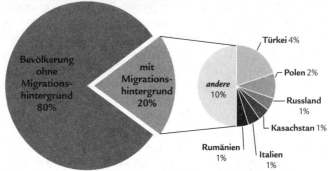

Quelle: Sachverständigenrat deutscher Stiftungen für Integration und Migration (SVR)

Bevölkerung mit Migrationshintergrund nach Bundesländern 2013

Baden Württemberg: 3 Millionen
Bayern: 2,6 Millionen
Berlin: 903 000
Brandenburg: 123 000
Bremen: 187 000
Hamburg: 504 000
Hessen: 1,7 Millionen
Mecklenburg-Vorpommern: 71 000
Niedersachsen: 1,4 Millionen
Nordrhein-Westfalen: 4,4 Millionen
Rheinland-Pfalz: 823 000
Saarland: 172 000
Sachsen: 190 000
Sachsen-Anhalt: 97 000
Schleswig-Holstein: 352 000
Thüringen: 88 000

Türkei (12,8 Prozent), Polen (11,4 Prozent), Russische Föderation (9,0 Prozent), gefolgt von Kasachstan (6,9 Prozent) und Rumänien (4,4 Prozent). Die klassischen «Gastarbeiterländer» Italien (4 Prozent) und Griechenland (2,1 Prozent) belegen die Plätze 6 und 7.

Der größte Teil der Personen mit Migrationshintergrund lebt in den alten Bundesländern und Berlin (16 Millionen oder 96,6 Prozent). Der Bevölkerungsanteil der Personen mit Migrationshintergrund reichte von 4,1 Prozent in Thüringen bis 28,9 Prozent in Hamburg.

Personen mit Migrationshintergrund sind, statistisch gesehen, wesentlich jünger als diejenigen ohne Migrationshintergrund (35 Jahre gegenüber rund 46 Jahren). Bei den unter Fünfjährigen stellen Personen mit Migrationshintergrund etwa 35 Prozent der Bevölkerung. In den Ballungsräumen liegt dieser Anteil noch höher und erreicht bis zu 60 Prozent. Personen mit Migrationshintergrund unterscheiden sich auch immer noch deutlich bei der Bildungsbeteiligung von denjenigen ohne Migrationshintergrund. Etwa 15 Prozent der Menschen mit Migrationshintergrund haben keinen allgemeinen Schulabschluss (2 Prozent bei Personen ohne Migrationshintergrund), 45 Prozent keinen berufsqualifizierenden Abschluss (ca. 20 Prozent bei Personen ohne Migrationshintergrund). Erwerbstätige mit Migrationshintergrund sind fast doppelt so häufig als Arbeiterinnen und Arbeiter tätig wie Erwerbstätige ohne Migrationshintergrund (ca. 40 Prozent gegenüber 23 Prozent). Angestellte und Beamte sind unter ihnen selten vertreten. Darüber hinaus sind Menschen mit Migrationshintergrund im Alter von 25 bis 65 Jahren fast doppelt so häufig erwerbslos wie jene ohne einen solchen Hintergrund oder gehen nur einer geringfügigen Beschäftigung, z. B. einem «Minijob», nach. Auch das Armutsrisiko ist bei Migranten deutlich höher. Im Jahr 2014 hatten rund 16,4 Millionen Menschen in Deutschland einen Migrationshintergrund, was einem Anteil von 20,3 Prozent an der Gesamtbevölkerung entspricht. Wie das Statistische Bundesamt im August 2015 mitteilte, ist diese Zahl gegenüber 2011 um gut 1,5 Millionen angestiegen. Die Zahl der Menschen, die im Ausland geboren wurden und zugewandert sind, hat jetzt mit 10,9 Millionen eine Rekordmarke erreicht.

4. Wie viele deutsch-ausländische Ehen gibt es? In Deutschland gab es im Jahr 2013 rund 17,6 Millionen Ehepaare. Bei 7 Prozent der Ehepaare hatte ein Partner die deutsche, der andere Partner die ausländische Staatsangehörigkeit. Bei 6 Prozent der Ehepaare besaßen beide Ehepartner einen ausländischen Pass. Somit hatte bei 13 Prozent der Ehepaare mindestens ein Partner eine ausländische Staatsangehörigkeit. Die Zahl der deutsch-ausländischen Ehepaare belief sich auf knapp 1,2 Millionen. Dabei waren Deutsche am meisten mit Türkinnen oder Türken verheiratet. 19 Prozent der deutschen Frauen, die eine binationale Ehe führten, hatten einen türkischen Ehemann. Etwas weniger (14 Prozent) waren deutsche Männer in binationalen Ehen mit einer Türkin verheiratet. Bei der Untersuchung des Statistischen Bundesamtes zu diesem Thema wurde nur nach der Staatsangehörigkeit gefragt, der Migrationshintergrund blieb unberücksichtigt. Die tatsächliche Zahl der Ehen mit einem Migrationshintergrund dürfte deshalb wesentlich höher liegen, weil beispielsweise Eingebürgerte nicht in dieser Statistik auftauchen. Deutsch-ausländische Ehen, die es seit Langem in Deutschland gibt, sind ein Zeichen eines «stillen

Integrationsprozesses», fernab von allen Debatten und Diskussion, ob wir nun ein Einwanderungsland sind oder nicht.

5. Wie viele Migranten und Flüchtlinge kommen nach Deutschland?

Hinter den USA war Deutschland in den letzten Jahren das zweitbeliebteste Zielland für Einwanderer – aber nur innerhalb der OECD (Organisation für Wirtschaftliche Zusammenarbeit und Entwicklung), also innerhalb der reichen Industrienationen. Mit 1,46 Millionen Zuwanderern sind 2014 so viele nach Deutschland gekommen wie zuletzt 1992 – rund 238 000 mehr als 2013. Gleichzeitig wanderten rund 914 000 Menschen aus, das sind 116 000 mehr als 2013.

Mehr Menschen gehen seit 2002 in die Türkei zurück, als Einwanderer aus der Türkei zu uns kommen. Der Wanderungsgewinn in Deutschland – also Einwanderung minus Abwanderung – betrug 2014 insgesamt rund 550 000 Menschen. In den zurückliegenden Jahren hatte Deutschland einen wesentlich kleineren Wanderungsgewinn. Teilweise wurde sogar ein negativer Wanderungssaldo verzeichnet, das heißt, es wanderten mehr Menschen ab als zu uns kamen.

Die Zahl von über 500 000 erscheint zunächst einmal hoch. Wenn man jedoch die weltweite Bevölkerungszunahme betrachtet, so ist das nicht viel. Länder wie Indien erreichen solche Zahlen innerhalb weniger Wochen oder Tage ohne Migration!

Unklar ist auch, wie lange Zuwanderer aus den Krisenländern wie Griechenland oder Spanien langfristig bleiben werden. Insgesamt kamen rund 64 Prozent der Zuwanderer aus Ländern der Europäischen Union. Polen ist mit 197 000 Menschen (16 Prozent aller Zuwanderer) wichtigstes Herkunftsland, gefolgt von Rumänien mit 195 400 Personen (11 Prozent) und Italien mit 60 700 Migranten (5 Prozent).

6. Ist Deutschland das Hauptzielland von Flüchtlingen und Migranten – wie viele sind weltweit unterwegs?

Deutschland ist zwar ein Magnet für Migranten und Flüchtlinge, aber andere Länder, vor allem arme Entwicklungsländer, haben wesentlich höhere Zuwanderungszahlen, vor allem was die Flüchtlinge angeht. Die Mehrzahl der Flüchtlinge – rund 90 Prozent – bleibt im eigenen Land oder flieht in Nachbarländer, nicht in die reichen Industrieländer Europas, auch wenn die Industriestaaten 2014 die höchste Zahl von Asylanträgen seit 22 Jahren verzeichnen. In Deutschland wurden 2014

Die 10 wichtigsten Herkunftsländer von Asylbewerbern in Deutschland 2014

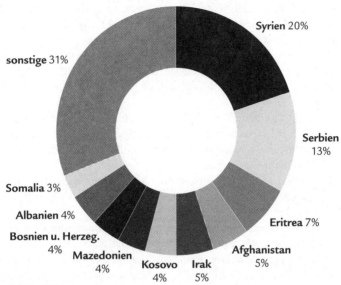

Quelle: SVR

zunächst die meisten Asylbewerber weltweit registriert, bis sich Russland plötzlich mit 274 700 Anträgen, 99 Prozent davon von Ukrainern, an die Spitze der Statistik stellte. Insgesamt wurden in Deutschland rund 173 000 Asylerstanträge gestellt, davon ein Viertel von Syrern. Wenn man die Bevölkerungszahlen berücksichtigt, dann liegt Deutschland in Europa aber nicht an der Spitze. Im Verhältnis zu seiner Einwohnerzahl ist Schweden das Land mit den meisten Asylbewerbern – im Durchschnitt 24,4 pro tausend Einwohner während der letzten fünf Jahre. Nach Schweden folgen Malta, Luxemburg, die Schweiz und Montenegro. Im Verhältnis zur Bevölkerungsgröße liegt Deutschland auf dem sechsten Platz. Weltweit kommt das Land erst an 13. Stelle. Im Laufe des Jahres 2015 stiegen die Flüchtlingszahlen in Deutschland stark an. Von Januar bis September 2015 haben insgesamt 303 443 Personen in Deutschland Asyl beantragt. Das entspricht einer Erhöhung um 123 Prozent gegenüber dem Vorjahr.

Die Zahl der Flüchtlinge auf der Welt hat mit knapp 60 Millionen eine traurige Rekordmarke erreicht. Die Zahl von 59,5 Millionen setzt sich so zusammen: 38,2 Millionen Binnenvertriebene, also Menschen, die vor Konflikten und Gewalt im eigenen Land auf der Flucht sind. Auch diese Zahl ist auf dem höchsten Stand seit Menschengedenken. Hinzu kommen 19,5 Millionen Flüchtlinge, die sich außerhalb ihres Landes befinden, und 1,8 Millionen Asylbewerber, deren Anerkennungsverfahren in den Aufnahmeländern noch läuft. Besonders besorgniserregend: Die Hälfte aller Flüchtlinge sind Kinder.

Die weltweiten Flüchtlingszahlen relativieren die Diskussion in Europa:
- Pakistan war lange Zeit das größte Aufnahmeland. Zum ersten Mal wurde es jetzt von der Türkei abgelöst mit rund 2 Millionen Flüchtlingen. In Pakistan sind es 1,51 Millionen, vor allem afghanische Flüchtlinge.
- Die ärmsten Länder, Regionen und Gemeinden tragen die Hauptlast des Weltflüchtlingsproblems. Neun von zehn Flüchtlingen sind in Entwicklungsländern.
- Nur ein Rinnsal erreicht Europa – Deutschland nimmt 0,24 Prozent der Flüchtlinge auf, die es auf der Welt gibt.
- Jeder fünfte Asylbewerber in Deutschland kommt aus Syrien – ihre Zahl hat sich im Vergleich zum Vorjahr mehr als verdreifacht. An zweiter Stelle steht Serbien.

Das Elend der syrischen Flüchtlinge in Zahlen:
- Mindestens 40 Prozent der syrischen Bevölkerung – rund 7,6 Millionen – sind Binnenvertriebene.
- 1,2 Millionen haben im Libanon Schutz gefunden, einem Land halb so groß wie Sachsen.
- 622 000 Menschen haben sich nach Jordanien gerettet – Städte und Gemeinden im Libanon und Jordanien beherbergen mehr Flüchtlinge als ursprüngliche Einwohner.
- Fast 2 Millionen Syrer sind in der Türkei – innerhalb weniger Tage hat die Türkei 130 000 Menschen aufgenommen –, das sind mehr syrische Flüchtlinge, als Europa in drei Jahren Bürgerkrieg Schutz gewährt hat.

Alles in allem sind 232 Millionen Migranten weltweit unterwegs, wobei die Flüchtlinge eingerechnet sind. Das entspricht rund 3 Prozent der Weltbevölkerung (7,1 Milliarden).

Die Zahl der Migranten erscheint zwar hoch zu sein, aber sie ist seit 1965 nicht wesentlich gestiegen. Damals lag sie bei 2,5 Prozent der Weltbevölkerung. Festzuhalten gilt: Die Mehrzahl der Menschheit bleibt in der angestammten Heimat und wandert nicht aus, obwohl es oftmals anders aussieht.

7. Kann man den Zahlen zu «Einwanderung und Asyl» trauen?

«Ich glaube nur der Statistik, die ich selbst gefälscht habe.» Dieses Zitat wird immer wieder dem britischen Premierminister Winston Churchill zugeschrieben. In Wirklichkeit stammt es aus dem deutschen Reichspropagandaministerium und vermutlich von Joseph Goebbels selbst, der Churchill lächerlich machen wollte und ihm das Zitat «untergeschoben» hat. Wenn man also selbst Zitaten zur Statistik nicht trauen kann, wie sieht es dann mit den Statistiken selber aus? Weniger die Statistiken sind das Problem als die Art und Weise, wie sie dargestellt und für die eigene Argumentation benutzt bzw. interpretiert werden.

Lange Zeit mangelte es sogar an Daten und Zahlen. Während bereits 1980 eine heftige Diskussion über die Asylpolitik geführt wurde, musste eine Bund-Länder-Arbeitsgruppe einräumen: «Über die Zahl, die Herkunft, den Familienstand und Familiennachzug der Asylbewerber in der Bundesrepublik Deutschland gibt es zur Zeit kaum gesichertes statistisches Material.» Der 6. Familienbericht der Bundesregierung zur Situation ausländischer Familien in Deutschland bezeichnete noch im Jahr 2000 die Reichweite statistischer Kenntnisse als begrenzt und stellte fest: «Wie viele Familien ausländischer Herkunft in Deutschland leben, wissen wir nicht.» Die Unabhängige Kommission «Zuwanderung», geleitet von der früheren Bundesfamilienministerin und Bundestagspräsidentin Rita Süssmuth (CDU), schrieb 2001 in ihrem Abschlussbericht: «Die Kommission ist im Verlauf ihrer Arbeit immer wieder an Grenzen der Durchschaubarkeit gestoßen.» Die Statistiken über das Wanderungsgeschehen seien unzulänglich und erlaubten keine «zweifelsfreie Beurteilung des gesamten Zuwanderungsgeschehens».

Der Migrationsbericht der Bundesregierung für das Jahr 2011 sorgte für Erstaunen, weil plötzlich die Menschen mit dem Herkunftsland Türkei von einem Jahr auf das andere enorm zugenommen hatten. Ihre Zahl stieg innerhalb von einem Jahr um rund 20 Prozent. Des Rätsels Lösung: Es handelte sich um 471 000 Kinder, die in Deutschland als «Deutsche», also mit deutscher Staatsangehörigkeit, auf die Welt gekommen waren. Bisher waren sie in der Statistik «unsichtbar» und wurden nur in der großen Gruppe von «Menschen mit Migrationshintergrund ohne Angabe zum Herkunftsland» mitgezählt. Das hatte sich nun geändert. Kinder, deren Eltern beide denselben Migrationshintergrund hatten, wurden zum ersten Mal Herkunftsländern zugeordnet, und so kam die Verschiebung bzw. Steigerung zustande.

Vor allem die Asylstatistik ist nicht unproblematisch. Dort werden Fälle – Anträge – gezählt und nicht Menschen. Die Zahlen beziehen sich also auf alle Anträge auf Asyl, einschließlich Folgeanträgen von Asylbewerbern, deren Antrag bereits abgelehnt wurde, oder die z. B. ihren Antrag zurückgezogen haben. Immerhin 22,5 Prozent aller Anträge hatten sich so, wie es im Amtsdeutsch heißt, «anderweitig erledigt», u. a. durch Rücknahme des Asylantrags. Von der offiziellen Asylstatistik müssen zunächst einmal die Folgeanträge – mindestens 15 Prozent – abgezogen werden. Man muss zudem bei dieser Statistik, die in der politischen und öffentlichen Diskussion eine wichtige Rolle spielt, fragen, auf wen sie sich bezieht. Auf alle Asylanträge einschließlich derjenigen, die bereits einen erfolglosen Antrag gestellt haben, oder auf die Zahl der Flüchtlinge, die schon einen Flüchtlingsstatus anerkannt bekommen haben, aber keine Asylbewerber mehr sind. Das Bundesinnenministerium bezieht sich auf die gesamte Zahl aller Asylanträge, die dann mit der Zahl an Asylbewerberzahlen gleichgesetzt werden. Wenn man wissen will, wie viele neue Asylbewerber einen Antrag gestellt haben, sollte man nur die Erstanträge zählen. Wichtig ist auch der Vergleichszeitraum. Anfang der 1990er Jahre in der heftig geführten Debatte um die Änderung des Grundgesetzes veröffentlichte beispielsweise das Bundesinnenministerium jeden Monat steigende Asylbewerberzahlen. Einmal wurden im Vergleich der Vormonat, dann das letzte Quartal oder Zeiträume aus dem letzten Jahr herangezogen. Auch wenn die Zahlen insgesamt hoch waren, stieg nach dieser Statistik die Zahl der Asylbewerber dauernd dramatisch an. Vergleicht man aber die Zahlen seit dem Zweiten Weltkrieg, so wird deutlich, dass es ein Auf und Ab gibt, in dem sich die Kriege, Bürgerkriege und Katastrophen auf der Welt spiegeln, was eigentlich ganz «natürlich» ist. Noch im Frühjahr 2015 wurde eine falsche Prognose von 300 000 Asylanträgen für das laufende Jahr gestellt. Seine neue Schätzung von 800 000 Flüchtlingen erklärte das Bundesinnenministerium u. a. mit der hohen Differenz zwischen Ausländern, die über das Erfassungssystem «EASY» erfasst wurden, und jenen, die bereits einen Asylantrag gestellt hatten. EASY (Erstverteilung von Asylsuchenden) ist eine Software zur Erstverteilung der Asylsuchenden auf die Bundesländer. Das Bundesinnenministerium stellte noch im Oktober 2015 fest: «Bei den EASY-Zahlen sind Fehl- und Doppelerfassungen wegen fehlender erkennungsdienstlicher Behandlung und fehlender Erfassung der persönlichen Daten nicht ausgeschlossen.»

Die Migrationszahlen für Deutschland müssen insgesamt relativiert werden. Grundlage sind die Angaben der Meldebehörden. Auch Studenten oder Saisonarbeiter tauchen darin auf, was zu Verzerrungen führt. Grundlage für die Statistiker ist der Mikrozensus, eine Stichprobenerhebung, bei der jährlich rund ein Prozent der Bevölkerung in Deutschland befragt wird. Um aus diesen Daten Aussagen über die gesamte Bevölkerung ziehen zu können, müssen die Daten entsprechend hochgerechnet werden. Immer wieder kommt es zu Korrekturen. Der Zensus hat beispielsweise gezeigt, dass am 9. Mai 2011 in Deutschland 80,5 Millionen Menschen lebten, darunter 6,2 Millionen Ausländer. Das sind insgesamt 1,5 Millionen Menschen weniger – darunter 1,1 Millionen Ausländer weniger –, als damals angenommen wurde.

II. Geschichtliches

8. Hatte Goethe türkische Vorfahren? Dass Johann Wolfgang von Goethe türkische Vorfahren hatte, war bekannt. Dass diese Wurzeln jedoch nach Baden-Württemberg zurückreichen, weniger. Das hat jedenfalls der Brackenheimer Dekan Werner-Ulrich Deetjen herausgefunden. Laut dem promovierten Kirchenhistoriker gehen Goethes Vorfahren auf Sadok Selim zurück, der gegen Ende des 13. Jahrhunderts bei Kämpfen mit Kreuzfahrern im Heiligen Land in die Gefangenschaft des Deutschritterordens geriet. Er kehrte mit den Ordensrittern in deren Heimat nach Brackenheim bei Heilbronn zurück. Der ehemalige türkische Hauptmann passte sich rasch der neuen Umgebung an, ließ sich taufen und heiratete Rebekka Dobler aus Brackenheim. Seitenlinien dieser Familie lassen sich bis heute in Hessen und in Franken nachweisen. Sie haben – so Deetjen – zahlreiche Männer vom Rang hervorgebracht, unter ihnen den Dichterfürsten Johann Wolfgang von Goethe. Von ihm stammt auch das heute noch immer aktuelle Zitat: «Das Land, das die Fremden nicht beschützt, geht bald unter.»

9. Wie erging es den deutschen Auswanderern in Amerika? Die Deutschen fanden nicht so leicht Heimat im «Land der unbegrenzten Möglichkeiten». Als in der Mitte des 18. Jahrhunderts ein Drittel der Bevölkerung von Pennsylvanien aus Deutschen bestand und noch viele Einwanderer unterwegs waren, sprach man von einem «deutschen Problem» in Amerika. Benjamin Franklin, der den Blitzableiter erfand und vor allem 1776 die amerikanische Unabhängigkeitserklärung unterzeichnete, schrieb: «Warum sollte Pennsylvania, das von Engländern gegründet wurde, eine Kolonie von Fremden werden, die in Kürze so zahlreich sein werden, dass sie uns germanisieren, anstatt dass wir sie anglisieren?» Ein Freund unterbreitete Franklin damals Vorschläge, um eine Überfremdung der englischen Kolonie zu vermeiden.

Franklin erwiderte: «Dein erster Vorschlag, englische Schulen unter den Deutschen zu etablieren, ist ausgezeichnet... Falls sie die englische Schulbildung umsonst haben können, werden sie nicht für deutsche Schulen bezahlen, sosehr sie ihre Sprache lieben. Den sechsten Vorschlag, Mischehen zwischen den Angloamerikanern und den Deutschen mittels Geldspenden zu fördern, halte ich entweder für zu teuer oder ohne Aussicht auf Erfolg. Die deutschen Frauen sind im Allgemeinen so wenig anziehend für einen Engländer, dass es enorme Mitgift erfordern würde, Engländer anzuregen, sie zu heiraten. Der siebte Vorschlag, keine Deutschen mehr nach Pennsylvania zu schicken, ist ein guter Vorschlag. Diejenigen, die schon hier sind, werden dies unterstützen.»

So weit ein Gründungsvater der Vereinigten Staaten von Amerika. Rückblickend hatten die deutschen Auswanderer mit den gleichen Problemen und Schwierigkeiten zu kämpfen wie alle Einwanderer – auch die heutigen in Deutschland.

10. Wäre Deutsch beinahe zur Amtssprache in den USA geworden? Seit gut 200 Jahren hält sich hartnäckig eine Legende, wonach Deutsch um ein Haar zur Amtssprache in den USA geworden wäre. Ein entsprechendes Gesetz soll angeblich nur an einer Stimme gescheitert sein. Diese Abstimmung hat allerdings nie stattgefunden. Wahr ist, dass eine Gruppe deutscher Einwanderer aus Virginia im Januar 1794 forderte, alle Gesetzestexte auch in deutscher Sprache zu veröffentlichen. Der Antrag wurde vom Hauptausschuss des US-Repräsentantenhauses mit 42 zu 41 Stimmen abgelehnt. Ausgerechnet der deutschstämmige Frederick Augustus Conrad Muehlenberg hatte sich bei der Abstimmung enthalten. So entstand die «Muehlenberg-Legende».

11. Mit welchen Ländern hat Deutschland Anwerbeabkommen abgeschlossen? Anwerbeabkommen haben eine lange Tradition in Europa. Bereits 1919 traf Frankreich solche Vereinbarungen zur Anwerbung und Beschäftigung ausländischer Arbeitskräfte mit Polen und Italien. Deutschland unterzeichnete seinen ersten Anwerbevertrag mit Polen im Jahre 1927. Ihren Höhepunkt erfuhren die Anwerbeabkommen aber nach dem Zweiten Weltkrieg. Im Nachkriegsdeutschland wurden dringend Arbeitskräfte gesucht, was sich auf der Welt herumgesprochen hatte. So erreichten die Bundesrepublik zahlreiche Anfragen für Anwerbeabkommen aus aller Herren Länder, zum Beispiel aus Thailand, Bolivien und aus dem Sudan. Es wurde sogar darüber gesprochen, chinesische Flüchtlinge aus Hongkong für «häusliche Dienstleistungen» aufzunehmen – als Beitrag der Bundesregierung zum Weltflüchtlingsjahr.

Aus Taiwan sollten Absolventen von Berufs- und Fachschulen

nach Deutschland geholt werden, um Kenntnisse an «modernen Maschinen zu erwerben». 250 hoch qualifizierte Ingenieure wollte man aus Indien holen. Die Reisekosten sollten je zur Hälfte von deutscher und von indischer Seite geteilt werden. Auf «iranische Jugendliche für eine Verwendung in der westdeutschen Industrie» zielte ein weiterer Vorschlag. Sogar aus Kanada sollten Arbeitslose in westdeutschen Industriebetrieben beschäftigt werden. «Thailändische Arbeiter mit technischen Kenntnissen zur Aufhebung des Arbeitskräftemangels in der Bundesrepublik und zur Förderung der beruflichen Weiterbildung» – auch das stand auf dem Vermerk «Anerbieten bzw. Anregungen zur Hereinnahme von Arbeitskräften aus außereuropäischen Ländern» vom 16. Mai 1962. Ungelernte venezolanische Arbeitslose sollten im Austausch mit deutschen Facharbeitern kommen. Aus der damaligen westindischen Föderation wollte man weibliche Arbeitskräfte aus Jamaika im Haushalt und im Gaststättengewerbe beschäftigen. Die Bundesrepublik lehnte die vielen Anfragen aus weit entfernten Ländern jedoch ab.

1960 wurden Anwerbeabkommen mit Spanien und Griechenland abgeschlossen, es folgten die Türkei (1961), Portugal (1964) und das damalige Jugoslawien (1968). Bereits 1963 traf die Bundesregierung entsprechende Vereinbarungen mit Marokko und 1965 mit Tunesien. Die Beschäftigung der türkischen Arbeitskräfte war längstens für ein Jahr vorgesehen, selbst die Beschäftigung der Italiener war zunächst befristet. Schon bald wurde diese Beschränkung jedoch aufgehoben, weil Arbeitgeber eingearbeitete Arbeitskräfte längerfristig behalten wollten und ein Arbeitskräftebedarf bestand. Die Anwerbeabkommen – nicht nur mit der Türkei – stellten einen entscheidenden Einschnitt in der deutschen Nachkriegsgeschichte dar, mit langfristigen Veränderungen, die bis zum heutigen Tage andauern.

12. Von wem stammt eigentlich das berühmte Zitat «Man hat Arbeitskräfte gerufen, und es kamen Menschen?» Das Zitat taucht im Laufe der Jahre in zahllosen Reden bis zum heutigen Tag immer wieder auf. So wird es unter anderem dem früheren Arbeitsminister Norbert Blüm zugeschrieben. Es stammt aber vom Schriftsteller Max Frisch, der schon bald (1965) auf einen «Denkfehler» der staatlichen Anwerbepolitik aufmerksam machte und zu Papier brachte, was – wenn auch verkürzt – zum geflügelten Wort werden sollte: «Ein kleines Herrenvolk sieht sich in Gefahr: Man hat Arbeitskräfte gerufen, und es kommen Menschen. Sie fressen den Wohlstand nicht auf, im Gegenteil, sie sind für den Wohlstand unerlässlich.» Genau genommen handelt es sich dabei um einen Gedanken von Ernst Schnydrick vom Deutschen Caritasverband, der bereits 1961 sagte: «Wir wollten Arbeitskräfte importieren – und es kamen Menschen.»

13. Was wurde aus dem einmillionsten Gastarbeiter und seinem Moped? Mit Pauken und Trompeten wurde am 10. September 1964 Amando Rodrigues de Sá, ein Zimmermann aus dem kleinen nordportugiesischen Dorf Vale de Madeiros, am Kölner Hauptbahnhof als der einmillionste Gastarbeiter begrüßt. Das Bild von seiner Ankunft, unzählige Male seitdem verbreitet, hat sich in die Erinnerungskultur Deutschlands eingeprägt. Bei all dem Trubel bekam es der Jubilar damals mit der Angst zu tun und hat sich sogar versteckt. Als Rodrigues de Sá nach seiner Ankunft am Kölner Hauptbahnhof ausgerufen wurde, dachte er, die Polizei würde ihn aus irgendeinem Grund nach Portugal zurückschicken. Man musste ihn fast zum Empfangskomitee drängen und zu dem Moped, das er als Willkommensgeschenk überreicht bekam. Rodrigues stammte aus einer armen Bauernfamilie mit vielen Kindern. Mit seinen 38 Jahren gehörte er damals schon zu den älteren Gastarbeitern, die in der Regel jünger waren. Wie schon viele andere vor ihm auch kam er nach Deutschland, um Geld zu verdienen und das meiste davon an die Familie nach Hause zu schicken.

Amando Rodrigues reiste von Köln zu seiner Arbeitsstätte in Stuttgart-Degerloch weiter. Später arbeitete er u. a. in Blaubeuren, Sindelfingen und Mainz. 1970 suchte er während eines Heimaturlaubes einen Arzt auf. Er meinte, seine quälenden Magenschmerzen kämen von einem Unfall auf einer deutschen Baustelle. Der Arzt sagte, er solle in Portugal bleiben. Der einmillionste Gastarbeiter kündigte seine Stelle in Deutschland und blieb in seiner alten Heimat. Bei weiteren Untersuchungen wurde ein Magentumor entdeckt. Medikamente und Arztbesuche waren teuer, sodass sich die Familie die deutschen Rentenansprüche auszahlen ließ. Nach einer Operation wurde er zuhause gepflegt und starb schließlich am 5. Juli 1979 im Alter von nur 53 Jahren an Magenkrebs.

Das Geschenk, das der Jubilar 1964 in Köln bekommen hatte, sein Moped der Marke Zündapp «Sport Combinette», steht heute in einer Dauerausstellung im Haus der Geschichte in Bonn.

14. Wie haben sich Kultur, Kunst und Literatur in Deutschland durch die Einwanderung verändert? Deutschland hat sich durch die Einwanderung kulturell gewandelt und wird sich weiter wandeln. Die Einwanderung hat längst die deutsche Sprache beeinflusst. Prof. Uwe Hinrichs von der Universität Leipzig hat seit vielen Jahren die anfangs schleichende, inzwischen rasante Veränderung der deutschen Sprache durch den Einfluss der Migranten untersucht. Längst ist Russisch mit rund drei Millionen Sprechern die nach Deutsch und noch vor Türkisch am zweithäufigsten gesprochene Sprache in Deutschland. Vor allem bei Jugendlichen hat sich die Alltagssprache verändert. Ausdrücke wie «Hast Du U-Bahn?» oder «Ich weiß, wo Dein Haus wohnt» sind entstanden.

Kunst und Kultur verbinden Menschen und schaffen Brücken zwischen Einheimischen und Zugewanderten. In der Kunst- und Kulturlandschaft lässt sich längst die kulturelle Vielfalt ablesen. Es wird sogar die These vertreten, dass es ohne Migration gar keine Kunst geben würde, weil Künstlerinnen und Künstler schon immer auf Reisen waren und auch heute noch Kunst durch die Vernetzung und das Zusammentreffen von Kulturen entstehe.

Nicht nur in den Medien, sondern auch in der Literatur und im Film sind MigrantInnen eine Bereicherung. So haben Autoren mit Migrationshintergrund mit ihrer interkulturellen Perspektive die deutsche Gegenwartsliteratur mit geprägt: Dazu gehören zum Beispiel die deutsch-türkischen Schriftsteller Zafer Şenocak und Feridun Zaimoğlu, der Russe Wladimir Kaminer mit seinem Kultroman «Russendisko» oder der in Syrien geborene Autor Rafik Schami, in dessen Märchen sein arabischer Hintergrund einfließt. Ein Deutscher mit iranischen Wurzeln, der Schriftsteller und Orientalist Navid Kermani, hielt die Festrede bei der Feierstunde «65 Jahre Grundgesetz» am 23. Mai 2014 im Deutschen Bundestag. Kermani betonte in seiner Ansprache, wie erstaunlich es sei, dass ein Kind von Einwanderern, das noch dazu einer anderen Religion als der Mehrheitsreligion angehört, an die Verkündung des Grundgesetzes erinnern darf.

Zu einem selbstverständlichen Bestandteil der deutschen Kulturszene sind inzwischen auch Comedians und Filmemacher geworden, deren Vorfahren eingewandert sind. Die beiden türkischstämmigen Comedy-Stars Kaya Yanar («Was guckst du?») und Bülent Ceylan («Die Bülent Ceylan Show») erhielten beide den Deutschen Comedy-

Preis als beste Komiker. Diese Unterhaltungskünstler spielen in ihren Sendungen selbstbewusst mit «ethnic jokes» und deutsch-türkischen Klischees. Als einer der wichtigsten Regisseure in Deutschland gilt der Hamburger Fatih Akın, ein Sohn türkischer Eltern, der 2004 für seinen Film «Gegen die Wand» auf der Berlinale den Goldenen Bären erhielt. Seine Drehbücher und Filme schildern das Leben der Kinder von Einwandererfamilien in Deutschland, entweder auf humorvolle Art wie in «Solino» (2002) und «Soul Kitchen» (2009) oder auf tragische Art wie in «Gegen die Wand» (2004) und «Auf der anderen Seite» (2007).

Erfolgreich läuft in den Kinos die neue Filmgattung der «Culture Clash Komödie» mit Filmen wie «Türkisch für Anfänger» oder «Kebab-Connection». Von dem türkischstämmigen Regisseur Bora Dağtekin stammt der erfolgreichste deutsche Film des Jahres 2013: «Fack Ju Göhte» mit dem tunesisch-stämmigen Schauspieler Elyas M'Barek in der Hauptrolle. Er war seinen Fans bereits aus den drei überaus erfolgreichen Staffeln der TV-Serie «Türkisch für Anfänger» bekannt, die von 2006 bis 2008 in der ARD lief.

Wie sehr sich Deutschland kulinarisch durch die Einwanderung verändert hat, zeigt folgende Geschichte: Ins Nachkriegsdeutschland wurden die ersten italienischen «Gastarbeiter» geholt, und schon bald zeigten sich die ersten Schwierigkeiten nicht nur bei der sprachlichen Verständigung, sondern auch beim Essen. Das Landesarbeitsamt in Stuttgart veröffentlichte deshalb eigens eine Pressemitteilung mit folgendem Text: «Ratschläge für die Zubereitung von Speisen nach italienischer Art: Die italienischen Arbeitskräfte bereiten ihre Speisen gerne selbst zu. Soweit aber Italiener vom Arbeitgeber verpflegt werden, sind folgende Ratschläge des Italienischen Konsulats in Stuttgart für die Zubereitung von Speisen für italienische Arbeitskräfte zu empfehlen: Der Italiener liebt im Allgemeinen *keine* flüssigen und dünnen Soßen, insbesondere keine Mehlsoßen. Zu Teigwaren, die nicht zu weich gekocht werden sollten, gibt man Tomatensoße. Der Italiener ist nicht gewohnt, Obstsäfte (Most) zu trinken: Zum Essen trinkt er mit Vorliebe Wein und Wasser, während des Tages – und abends auch Milch.»

Heute kaum zu glauben, aber wahr: Damals waren Spaghetti in Deutschland noch unbekannt. Inzwischen sind ganze Generationen damit aufgewachsen. Aber auch Mozzarella, Basilikum, Cappuccino, Auberginen oder Zucchini galt es damals noch zu entdecken. Inzwischen ist Spaghetti Bolognese laut einer Umfrage zum Lieblingsgericht der Deutschen geworden.

15. Auf welche Migrationsgeschichte blicken die Bürger der früheren DDR zurück? Angaben über die Zahlen der in der DDR lebenden Ausländer wurden zum ersten Mal 1989 veröffentlicht. Danach lebten nur rund 191 000 Ausländer in der DDR, die knapp 1,2 Prozent der Bevölkerung ausmachten. Über die Hälfte von ihnen war auf der Grundlage von Regierungsabkommen als Arbeitskräfte ins Land geholt worden. Der Rest kam über Studienverträge, Eheschließungen oder Außenhandelsabkommen. Die meisten Arbeitskräfte – etwa 60 000 – stammten aus Vietnam; aus Mosambik kamen rund 15 000, aus Kuba 8000, aus Polen etwa 6000 und aus Angola etwa 1000. Die sogenannten Vertragsarbeiter durften vier bis fünf Jahre in der DDR arbeiten. Sie wurden fast ausschließlich in der Textilindustrie, im Fahrzeugbau oder in der Chemiefaser- und Reifenproduktion eingesetzt. Wie in der Bundesrepublik auch führten die ausländischen Arbeitskräfte größtenteils wenig qualifizierte und unattraktive Tätigkeiten aus, die von Deutschen kaum geschätzt wurden. Bei den Vertragsarbeitern aus Vietnam wurden pauschal 12 Prozent des Lohnes als Beitrag für den Aufbau des Landes an die Sozialistische Republik (SR) Vietnam abgezogen. Für viele Vietnamesen war die Beschäftigung in der DDR aber trotzdem von Vorteil, denn sie konnten mit dem Lohn ihre Familien zu Hause versorgen. Die Vietnamesen standen sowohl unter Aufsicht der DDR-Kontrollorgane als auch der Vertreter der SR Vietnam. Untergebracht waren die «DDR-Gastarbeiter» fast ghettoartig in Wohnheimen – auf fünf Quadratmetern Wohnfläche pro Person.

Es war in der DDR ein absolutes Tabu in der Öffentlichkeit über das «Ausländerproblem» zu sprechen. Einzelne Entscheidungen, die Ausländer betrafen, gingen hinauf bis ins Politbüro. Die SED-Führung sah in jedem nichtgenehmigten Kontakt mit Ausländern ein Sicherheitsrisiko für DDR-Bürger. Selbst freundschaftliche Beziehungen mit Angehörigen der Sowjetarmee und ihren Familien wurden über offizielle Anlässe hinaus sehr restriktiv behandelt. Auf der anderen Seite versuchte das Regime jahrelang, das Thema «Fremdenfeindlichkeit und Ausländerhass» als Propagandainstrument gegenüber der Bundesrepublik einzusetzen. Ausländerfeindliche Tendenzen im «kapitalistischen Westen» wurden als Verstoß gegen die

Menschenrechte gebrandmarkt. In diesem Zusammenhang ist auch das Kommunalwahlrecht für Ausländer zu sehen, das die DDR 1989 einführte. Am 6. Mai 1990 durften zum ersten Mal Ausländer bei einer demokratischen Wahl in Deutschland wählen. In der Bundesrepublik wurde nach langen Diskussionen ein solches Kommunalwahlrecht letztendlich vom Bundesverfassungsgericht abgelehnt.

Die restriktiven Aufenthaltsbestimmungen der DDR und das Ausländergesetz vom 28. Juni 1979 waren alles andere als ausländerfreundlich. So wurden beispielsweise 1987 für die Arbeiterinnen aus Vietnam zwischen Ost-Berlin und Hanoi besondere Regelungen «über die Verfahrensweise bei Schwangerschaft» getroffen. In der entsprechenden Vereinbarung heißt es wörtlich: «Schwangerschaft und Mutterschaft verändern die persönliche Situation der betreffenden werktätigen Frau so grundlegend, dass die damit verbundenen Anforderungen der zeitweiligen Beschäftigung und Qualifizierung nicht realisierbar sind. Vietnamesische Frauen, die die Möglichkeit der Schwangerschaftsverhütung bzw. -unterbrechung nicht wahr nehmen, treten – nach ärztlich bescheinigter Reisetauglichkeit – zum festgesetzten Termin die vorzeitige Heimreise an. Im Falle unbegründeter Ausreiseverweigerung wird die Botschaft der Sozialistischen Republik Vietnam in der DDR gegenüber den zuständigen Organen der DDR unverzüglich die Einleitung erforderlicher Maßnahmen zur Sicherung der Ausreise beantragen. Die durch Ausreiseverweigerung verursachten Kosten trägt die vietnamesische Seite.» Viele Frauen wurden so mehr oder weniger zur Abtreibung gezwungen, wenn sie ihren Arbeitsplatz nicht verlieren wollten.

Verschiedene Umfragen aus dem Jahr 1990 machten ein erhebliches Maß an Fremdenfeindlichkeit auf dem Gebiet der früheren DDR deutlich. Die Ausländerbeauftragte der Ost-Berliner Regierung, Staatssekretärin Almuth Berger, berichtete davon, dass vor dem Tag der deutschen Einheit am 3. Oktober 1990 gezielt Jagd auf Ausländer gemacht wurde. Doch Programme gegen Fremdenfeindlichkeit und gegen die Aktivitäten von Neonazis ließen in Ost-Deutschland lange auf sich warten – allerdings nicht nur dort.

Die DDR-Gastarbeiter wurden nach der Einheit – teilweise auch mit Rückkehrprämien – größtenteils nach Hause geschickt. Viele blieben trotzdem, gründeten eigene Existenzen wie einen vietnamesischen Imbiss, Textil- oder Blumenladen. Der Anteil der Selbstständigen ist in den neuen Bundesländern bei den Zugewanderten doppelt so hoch wie in den alten Ländern. Die vietnamesischen Einwanderer der zweiten Generation zeichnen sich durch gute Schulabschlüsse aus. Auch die jüdischen Kontingentflüchtlinge, die den neuen Ländern zugewiesen wurden, verfügen über ein hohes Bildungsniveau. Was die Bildungsabschlüsse der ausländischen Jugendlichen in Ostdeutschland angeht, so wird deutlich, dass diese erheblich höher liegen als bei den ausländischen Jugendlichen in den alten Ländern. Über 40 Prozent schließen die Allgemeine Schule mit dem Abitur ab.

Nach der Wende waren die ostdeutschen Bundesländer vor allem durch Abwanderung gekennzeichnet. Insgesamt zogen seit 1991 nach Angaben des Statistischen Bundesamtes rund 3,6 Millionen Menschen aus der früheren DDR weg und versuchten in Westdeutschland Arbeit zu finden. Dies macht die gewaltige innerdeutsche Wanderungsbewegung deutlich, auch wenn jene Zahl nichts darüber aussagt, wie viele Ostdeutsche endgültig im Westen geblieben sind. Die neue Zuwanderung – vor allem durch Zuweisung von Spätaussiedlern, Juden aus der früheren Sowjetunion sowie Asylbewerbern und Flüchtlingen – konnte diese Abwanderung nicht ausgleichen. Insgesamt haben nur 5 Prozent der Bevölkerung in Ostdeutschland einen Migrationshintergrund. Trotzdem ist die Fremdenfeindlichkeit hoch. Die neuen Länder weisen im Ländervergleich die meisten Straftaten mit rechtsextremistischem Hintergrund auf. Bei Kommunal- und Landtagswahlen erreichen rechtsextreme Parteien verhältnismäßig hohe Ergebnisse. Aufgrund der Herausforderung durch den demographischen Wandel und die Abwanderung zeichnet sich aber auch in den ostdeutschen Bundesländern ein Umdenken der politisch Verantwortlichen ab. Zuwanderung wird zunehmend als Gewinn für eine alternde und schrumpfende Gesellschaft gesehen.

III. Grundlagen

16. Was heißt Migration? Migration (lat. migratio) heißt «Wanderung». Die Menschheitsgeschichte ist eine Geschichte von Wanderungsbewegungen. Menschen haben sich immer wieder auf den Weg gemacht, um ihre Lebensbedingungen zu verbessern. Andere Ausdrücke für Migration sind «Immigration» oder «Emigration», beides aus dem Englischen übernommen. «Auswanderung, Einwanderung» oder «Zuwanderung» sind im Deutschen gebräuchlich. Migration hat sich aber als Oberbegriff durchgesetzt. «Zuwanderung» ist speziell in Deutschland entstanden, um den Begriff «Einwanderung» zu umschiffen, wobei sich das Wort in keine Sprache der Welt übersetzen lässt. Als Migration wird im Allgemeinen verstanden, wenn jemand seinen Lebensmittelpunkt in ein anderes Land verlagert. Die Vereinten Nationen definieren Migration als Aufenthalt in einem anderen als dem Herkunftsland von länger als einem Jahr. Manche Länder verwenden den Begriff «Einwanderung» schon nach sechs Monaten oder sogar noch früher, was die Vergleichbarkeit von Migration im internationalen Rahmen erschwert.

17. Was ist Integration? Integration (lat. integrare) bedeutet «wiederherstellen, herstellen eines Ganzen». Gemeint ist in diesem Zusammenhang die Zusammenführung des «Verschiedenen», wobei das Verschiedene als solches kenntlich bleibt. Es geht um Chancengleichheit in wichtigen Bereichen der Gesellschaft, um die Angleichung der Lebensverhältnisse für Menschen mit Migrationshintergrund an die Verhältnisse der gesamten Bevölkerung. Im allgemeinen werden vier Bereiche bei der Integration von Minderheiten in eine Aufnahmegesellschaft unterschieden: eine sogenannte strukturelle Dimension, den Zugang zu Kernbereichen der Gesellschaft, vor allem zum Arbeitsmarkt und zum Bildungssystem. Die kulturelle Integration, bei der es vor allem um das Erlernen der Sprache und die Übernahme von Verhaltensweisen und Normen des Aufnahmelandes geht. Die soziale Integration – die Kontakte zwischen Einwanderern und Einheimischen, beispielsweise die Mitgliedschaft in Vereinen. Bei der Integration geht es aber auch um das «Gefühl» der Zugehörigkeit, um die Identifikation mit der Aufnahmegesellschaft bzw. der Herkunftsgesellschaft, wobei unklar ist, ob man sich nicht sogar in zwei Ländern Zuhause fühlen kann, in der neuen wie auch in der alten Heimat.

In der politischen Diskussion wird Integration oftmals als Assimilation missverstanden, das heißt als Aufgabe der eigenen kulturellen und sprachlichen Herkunft im Sinne einer vollständigen Anpassung an die deutsche Gesellschaft. Dabei wird in der Regel nicht festgelegt, an welche Normen und Werte sich die Einwanderer eigentlich genau anpassen sollen und was letztendlich das Vorbild eines angepassten Ausländers oder eines «integrierten Deutschen» ist. Integration stellt einen wechselseitigen Prozess zwischen Zuwanderern und Einheimischen dar, ist also keine «Einbahnstraße», bei der sich nur die Einwanderer verändern bzw. anpassen sollen. Eine Bring- und Holschuld besteht auf beiden Seiten. Inzwischen ist in Deutschland eine Diskussion um einen neuen Integrationsbegriff entstanden. In diesem Zusammenhang setzt sich der Rat für Migration für ein republikanisches Leitbild ein, an dem sich alle Bürger, auch die Einwanderer, orientieren können.

18. Warum wandern Menschen aus und verlassen ihre Heimat?
Kriege, Bürgerkriege, Menschenrechtsverletzungen, Flucht vor Terrorismus und Verfolgung, Armut – das sind wichtige Gründe, warum Menschen auswandern. Das entscheidende Motiv, die Risiken einer Auswanderung aufzunehmen, ist sicher der Wunsch seine Lebensverhältnisse zu verbessern, was in der Heimat nicht möglich ist. Man spricht von Push- und Pull-Faktoren. Überbevölkerung, Hunger und Missernten oder andere Notlagen sind beispielsweise Push-Faktoren, die zur Auswanderung zwingen. Sicherheit vor politischer Verfolgung oder die Aussicht auf bessere Verdienstmöglichkeiten sind Pull-Faktoren, die Menschen anziehen. Die Grenze zwischen wirtschaftlichen, sozialen und politischen Gründen, seine Heimat verlassen zu müssen, ist in der Realität oft fließend. So wanderten im 19. Jahrhundert über 5,5 Millionen Deutsche aus wirtschaftlichen und politischen Gründen nach Amerika aus – etwa 20 Prozent kamen wieder zurück. Innerhalb weniger Jahre verließen beispielsweise 10 Prozent der Bevölkerung aus dem Großherzogtum Baden und sogar über 20 Prozent aus dem Königreich Württemberg aus wirtschaftlicher Not ihre Heimat. Wir würden sie heute als Armuts- oder Wirtschaftsflüchtlinge bezeichnen. Auf das heutige Deutschland umgerechnet wären das 16 Millionen, die in nur wenigen Jahren ihre Heimat aufgeben müssten.

Allgemein nehmen Wanderungsbewegungen zu, weil Familien,

Freunde und Nachbarn aus der alten Heimat nachziehen. Man spricht dabei von «Kettenmigration». Einwanderung im Rahmen des Familiennachzugs ist ein wesentlicher Teil der weltweiten Wanderungsbewegungen. Wenn eine Migrationsbewegung einmal entstanden ist, dann zieht sie fast automatisch weitere Einwanderer nach sich und ist – so zeigen die Erfahrungen – auch nicht mehr zu stoppen.

19. Wie wurde Deutschland zum Einwanderungsland? Die Bundesrepublik nahm lange Zeit mehr Zuwanderer auf als die klassischen Einwanderungsländer USA und Kanada zusammen. Nach offizieller Lesart der Politik war Deutschland aber fast ein halbes Jahrhundert lang nach wie vor kein Einwanderungsland, obwohl im Artikel 73 des Grundgesetzes klar von «Einwanderung» die Rede ist und dieser Bereich der Kompetenz des Bundes zugeordnet wird. Allein von 1955 bis zum Anwerbestopp im Jahr 1973 kamen 14 Millionen Migranten nach Deutschland. Elf Millionen zogen in diesem Zeitraum wieder weg. Eigentlich wurde Deutschland in dieser frühen Phase schon zum Einwanderungsland. Die angeworbenen Arbeitsmigranten ließen sich dauerhaft nieder, holten ihre Familien nach oder gründeten Familien in Deutschland. Aussiedlern und Spätaussiedlern wurde die Zuwanderung gestattet, so dass rund 4,5 Millionen Menschen aus Südost- und Osteuropa einreisen durften.

Deutschland hat einen langen Weg zurückgelegt, bis es sich zu seiner Rolle als Einwanderungsland bekannte. So dauerte die erste Phase der Ausländerpolitik im Nachkriegsdeutschland, in der die Ausländerbeschäftigung als vorübergehende Erscheinung gesehen und davon ausgegangen wurde, dass die «Gastarbeiter» über kurz oder lang wieder heimkehren würden, immerhin von 1952 bis 1973. Ausländerpolitik war in diesen rund zwanzig Jahren in erster Linie deutsche Arbeitsmarktpolitik. Die Anwerbung erfolgte im Interesse der Wirtschaft, die einen wachsenden Bedarf an Arbeitskräften hatte. Schon damals wurde der wichtigste Eckpunkt der Ausländerpolitik festgelegt, der noch bis vor Kurzem galt: Die Bundesrepublik ist kein Einwanderungsland! Abgesehen vom Ausländerrecht und seinen Ausführungsbestimmungen existierte lange Zeit kein übergreifendes Konzept infrastruktureller, sozial- und bildungspolitischer Maßnahmen in der Ausländerpolitik. Das Ausländergesetz wurde als

Fremden- und Ausländerpolizeirecht verstanden, mit einem vielfältigen Abwehrinstrumentarium einschließlich Abschiebung und Ausweisung.

1979 legte der erste Ausländerbeauftragte der Bundesregierung und frühere Ministerpräsident von Nordrhein-Westfalen, Heinz Kühn (SPD), ein bis heute richtungsweisendes Memorandum vor. Kühn kritisierte die bisherige Ausländerpolitik, die zu sehr von arbeitsmarktpolitischen Gesichtspunkten geprägt worden sei. Er forderte die Anerkennung der «faktischen Einwanderung» und beispielsweise ein Kommunalwahlrecht für Ausländer. Kühn wies damals schon auf den Geburtenrückgang und die Auswirkungen auf den Arbeitsmarkt hin. Es gebe keine «Gastarbeiter» mehr, sondern Einwanderer. 1980 blieb die damalige SPD/FDP-Bundesregierung mit ihren ausländerpolitischen Beschlüssen allerdings weit hinter den Forderungen ihres Ausländerbeauftragten zurück und lehnte seinen Vorschlag für ein Ausländerwahlrecht oder Einbürgerungserleichterungen für ausländische Jugendliche ab. Bund und Länder zementierten damals die These «Deutschland ist kein Einwanderungsland!»

«Rückkehrbereitschaft stärken» – das Motto der Ausländerpolitik setzte sich zu Beginn der 1980er Jahre durch. Nach dem Wechsel zur CDU/CSU/FDP-Koalition nahm die Ausländerpolitik bereits in den Koalitionsvereinbarungen 1982 einen breiten Raum ein. Dort hieß es: «Die Bundesrepublik Deutschland ist kein Einwanderungsland. Es sind daher alle humanitär vertretbaren Maßnahmen zu ergreifen, um den Zuzug von Ausländern zu unterbinden.» Es sollten noch viele weitere Jahre ins Land gehen, bis die Zeit der Selbsttäuschung zu Ende ging. Denn erst in einer 1999 veröffentlichten Broschüre der rot-grünen Bundesregierung zum neuen Staatsangehörigkeitsrecht wurde zum ersten Mal in der Geschichte der Bundesrepublik – eigentlich in der deutschen Geschichte überhaupt – regierungsamtlich festgestellt: «Deutschland ist schon längst zum Einwanderungsland geworden.»

Der Streit darüber, ob Deutschland nun ein Einwanderungsland ist oder nicht, hat sich auf jeden Fall erledigt. Mit 16 Millionen Personen mit Migrationshintergrund und einem Ausländeranteil von rund 9 Prozent ist Deutschland heutzutage eines der wichtigsten und größten Einwanderungsländer auf der Welt.

20. Ist Deutschland ein Auswanderungsland? Deutschland war und ist ein Aus- und Einwanderungsland. Überbevölkerung, Armut und Missernten trieben die Menschen in die Auswanderung. Auch im Nachkriegsdeutschland wanderten Jahr für Jahr Menschen aus, im Durchschnitt etwa 100 000 jährlich, Deutsche und Nicht-Deutsche. In den letzten Jahren haben allerdings mehr Deutsche das Land verlassen als zurückkehrten. Zwischen 2009 und 2013 registrierte man rund 710 000 Fortzüge, 580 000 zogen wieder nach Deutschland zurück. Damit verliert Deutschland jährlich rund 25 000 Personen mit deutscher Staatsbürgerschaft. Die Motive für eine Aus- und Rückwanderungsentscheidung sind vielfältig. Am häufigsten wird neben beruflichen Gründen (rund 67 Prozent) der Wunsch geäußert, neue Erfahrungen zu machen (rund 72 Prozent). Über 41 Prozent der Befragten nennen Unzufriedenheit mit dem Leben in Deutschland als Beweggrund auszuwandern. Ein höheres Einkommen als in Deutschland versprechen sich rund 47 Prozent. Tatsächlich erhöht sich bei den meisten Auswanderern das Einkommen. Allerdings gaben 43,5 Prozent an, dass sich die Auswanderung negativ auf ihren Freundes- und Bekanntenkreis ausgewirkt habe. Deutschland ist weltweit eines der wichtigsten Auswandererländer. Nach einer OECD-Studie vom Juni 2015 leben 3,4 Millionen in Deutschland geborene Menschen in einem anderen OECD-Land, was der Einwohnerzahl von Berlin entspricht. Damit ist Deutschland nicht nur das zweitgrößte Einwanderungsland innerhalb der OECD, sondern im Bereich der hochindustrialisierten Länder das drittwichtigste und weltweit das fünftwichtigste Herkunftsland von Auswanderern. Übrigens haben 15 Prozent der Deutschen nach dieser Untersuchung die Absicht auszuwandern, aber nur wenige setzen diesen Wunsch auch in die Tat um.

Eine Studie des Sachverständigenrats deutscher Stiftungen für Integration und Migration (SVR) vom März 2015 zeigt, dass Aus- und Rückwanderer deutlich jünger sind als die deutsche Wohnbevölkerung, viele kommen aus einem bildungsnahen Elternhaus und haben deutlich höhere Bildungsabschlüsse. Bei den Auswanderern wie auch bei den Rückwanderern ist der Anteil der Hochqualifizierten besonders hoch. Rund 41 Prozent der im Ausland lebenden Deutschen sagen, dass sie nach Deutschland zurückkehren möchten. Bei der Entscheidung für eine Rückkehr spielen ähnliche Motive eine Rolle wie bei der Auswanderung. Berufliche Gründe sind dabei mit über 56 Prozent wichtig. Partnerschaftsbezogene und familiäre Gründe werden aber am häufigsten genannt (rund 64 Prozent). Unzufriedenheit mit dem Leben im Ausland geben etwa 40 Prozent als Motiv für die Rückkehr an. Damit ist der Wert fast genauso hoch wie der Wert der Unzufriedenheit mit dem Leben in Deutschland. Nach der Untersuchung gibt es keine Anzeichen für einen dauerhaften Wegzug Hochqualifizierter aus Deutschland. Ihre Abwanderung hat eher einen temporären Charakter. Die Verfasser der Studie werben dafür, Auswanderung nicht einseitig als Verlust, sondern als Chance wahrzunehmen. International Mobile kehren mit neuen Erfahrungen, Fähigkeiten und Netzwerken zurück – eine Chance, dem demographischen Wandel und dem damit verbundenen Fachkräftemangel besser zu begegnen. Als sehr mobil erweisen sich nach dieser Befragung deutsche Staatsangehörige mit Migrationshintergrund, die einen überdurchschnittlich hohen Anteil der Aus- und Rückwanderer stellen. Ein Viertel der Befragten hat einen direkten oder indirekten Migrationshintergrund. Sie wandern aber nicht unbedingt in das eigene Herkunftsland bzw. das der Eltern aus, sondern sind im Allgemeinen mobiler.

21. Was wäre Deutschland ohne Ausländer? Deutschland hätte schlagartig über acht Millionen Menschen weniger, wenn es keine Ausländer im Lande geben würde. Falls alle mit Migrationshintergrund das Land verlassen würden, fehlten 16,5 Millionen Einwohner. Man müsste plötzlich auf 50 Milliarden Euro an Steuereinnahmen im Jahr verzichten. Viele Branchen wie in der Gastronomie oder in der Automobilwirtschaft würden zusammenbrechen, das Bruttoinlandsprodukt um bis zu 8 Prozent sinken. Arbeitsmigranten waren und sind unentbehrlich für Deutschland.

So hat das Rheinisch-Westfälische Institut für Wirtschaftsforschung in Essen festgestellt, dass die Zuwanderung in der Vergangenheit in wirtschaftlicher und gerade auch in arbeitsmarktpolitischer Hinsicht positiv zu bewerten ist und einen erheblichen Gewinn für die deutsche Volkswirtschaft darstellt. Ohne ausländische Beschäftigte wären ganze Wirtschaftsbereiche nicht mehr funktionsfähig. So sind fast 50 Prozent aller in Krankenhäusern Beschäftigten, also Ärzte, Pflegekräfte und Hilfspersonal, Ausländer.

Längst hat sich eine Migrantenökonomie entwickelt, und das ist mehr als die Dönerbude oder die Pizzeria um die Ecke. Das Institut für Mittelstandsforschung (ifm) in Mannheim hat dazu eine Studie vorgelegt. Sie räumt mit einigen Vorurteilen auf: In Migranten-Unternehmen entsteht eine wachsende Zahl von Arbeits- und Ausbildungsplätzen. Menschen mit Migrationshintergrund gründen überdurchschnittlich häufig Unternehmen, nicht nur im Gastgewerbe oder im Handel, sondern zunehmend in modernen Branchen. Die Studie zeigt, dass die Migrantenökonomie ein besonders dynamischer Teil der Wirtschaft im Südwesten ist.

Bundesweit hat die Zahl der Migranten, die den Schritt in die Selbstständigkeit gewagt haben, im Jahre 2011 um 15 Prozent zugenommen. Es waren 184 000 Menschen mit Migrationshintergrund, die in diesem Zeitraum ein Unternehmen aufgemacht haben. «Sie geben wichtige Impulse für unsere Volkswirtschaft», wie eine Untersuchung der KfW-Bankengruppe feststellt. Viele Ausländer ohne anerkannten Abschluss hätten nicht in vergleichbarem Maße wie Deutsche von der guten Lage am Arbeitsmarkt profitiert. «Sie lassen sich aber nicht entmutigen, sondern nehmen ihr Schicksal selbst in die Hand und wagen den Schritt in die Selbstständigkeit», so die Studie.

Die Zuwanderung nach Deutschland hat in den vergangenen zehn Jahren einen wichtigen Beitrag zur Fachkräftesicherung geleistet, wie eine Untersuchung des Instituts der deutschen Wirtschaft Köln belegt. Außerdem tragen Einwanderer zum wirtschaftlichen Wohlstand in Deutschland bei. Allein der Wertschöpfungsbeitrag der seit 1999 zugewanderten MINT-Akademiker (aus dem Bereich «Mathematik, Informatik, Naturwissenschaft und Technik») beläuft sich nach diesen Ergebnissen auf mindestens 13 Milliarden Euro pro Jahr.

Die Migranten haben den deutschen Arbeitsmarkt bereichert und ihm – zu unterschiedlichen Zeiten in unterschiedlicher Weise – neue Dynamik gebracht. Selbständige Unternehmer ausländischer Herkunft schufen in Deutschland eine Million Arbeitsplätze. Auf schlechtere Beschäftigungssituationen haben Ausländer in letzter Zeit stärker als Deutsche mit Selbständigkeit reagiert.

22. Wie schneidet Deutschland im internationalen Vergleich ab? Nach einer aktuellen Umfrage hat die Welt ein überraschend gutes Bild von Deutschland. So ist nach einer Untersuchung der britischen Rundfunkgesellschaft BBC Deutschland das beliebteste Land der Welt. 59 Prozent der über 26 000 Befragten in 25 Ländern bewerteten nach dieser Befragung den Einfluss Deutschlands in der Welt als insgesamt positiv.

Das positive Bild strahlt offensichtlich auf Deutschland als Migrationsziel aus. So ist Deutschland als Einwanderungsland seit vielen Jahren attraktiv und kann sich beim Thema Einwanderung und Asyl durchaus sehen lassen, insbesondere was die Eingliederung der ausländischen Wohnbevölkerung angeht. Aktuell bestätigt das auch das Jahresgutachten des Sachverständigenrats deutscher Stiftungen für Integration und Migration (SVR), das am 28. April 2015 veröffentlicht wurde. Danach schneidet Deutschland im internationalen Vergleich mit ausgewählten EU-Staaten sowie klassischen Einwanderungsländern wie Kanada und den USA besser ab, als es der öffentliche Diskurs erwarten lässt. So hat Deutschland bei der Integrationspolitik und beim Zugang zum Arbeitsmarkt inzwischen sogar eine Vorreiterrolle übernommen. Das zeigen auch die Ergebnisse des «Migration Policy Index MIPEX 2015», vorgestellt im Juni 2015. Die Studie vergleicht alle zwei Jahre 31 Länder Europas und Nordamerikas in der Integrationspolitik. Nach dieser Untersuchung ist Deutschland zum ersten Mal in die Top 10 der Länder aufgestiegen. Weit hinten liegt die Bundesrepublik jedoch nach diesen Daten u. a. in der Antidiskriminierungspolitik.

In Deutschland ist es in den letzten Jahren gelungen, Einwanderer immer besser in den Arbeitsmarkt zu integrieren. Bei den Kindern im Ausland geborener Eltern besteht dagegen weiter Nachholbedarf. Zu diesem Ergebnis kam eine internationale Studie der OECD und der Europäischen Kommission im Juli 2015. Deutschland hat also als Einwanderungsland durchaus Erfolge vorzuweisen, muss sich aber international und auch nach innen noch viel stärker als Einwanderungsland definieren und darstellen. Handlungsbedarf besteht in der Tat nicht erst jetzt, sondern seit etwa 15 Jahren – seit der Wende zum Einwanderungsland – darin, die Bevölkerung bei diesem Kurswechsel mitzunehmen. Die Politik ist in Sachen Integration vorausgeprescht, ohne entsprechende «Aufklärungsarbeit» zu leisten, und wundert sich jetzt über Verwerfungen wie PEGIDA oder steigende Fremdenfeindlichkeit in Deutschland.

23. Wie sieht die Migrationspolitik der anderen europäischen Länder aus? Viele europäische Länder haben wie Deutschland «Gastarbeiter» angeworben und wurden über kurz oder lang zu Einwanderungsländern. Frankreich und Großbritannien haben aufgrund der Zuwanderung aus den ehemaligen Kolonien eine andere Einwanderungsgeschichte als Deutschland. Frankreich hat im Gegensatz zu Deutschland das Prinzip verfolgt, dass Kindern von Einwanderern, die im Land geboren wurden, automatisch die französische Staatsbürgerschaft erhalten. Dass die Staatsbürgerschaft nicht die Integrationsprobleme löst, zeigte sich an den sozialen Brennpunkten in den Vororten französischer Großstädte im Jahre 2005 mit gewalttätigen Auseinandersetzungen. Mit ähnlichen Schwierigkeiten hatte Großbritannien zu kämpfen. Im Vergleich dazu ist es in Deutschland bisher friedlich zugegangen. Die Niederlande gingen wie Deutschland lange Zeit davon aus, dass die ausländischen Arbeitskräfte eines Tages wieder in ihr Herkunftsland heimkehren würden. Schweden hat seinen «Gastarbeitern» schon in den 1970er Jahren kostenlose Sprachkurse angeboten. Das hat sich auf den Bildungserfolg der Kinder ausgewirkt und ist ein Grund dafür, dass das Land im internationalen Vergleich sehr gut abschneidet, was die Integration der Einwandererfamilien angeht. Österreich hat 2011 in Anlehnung an seine Nationalflagge eine «Rot-Weiß-Karte «eingeführt, um Mitarbeiter von international tätigen Großunternehmen die Niederlassung in der Alpenrepublik zu ermöglichen. Für Deutschland hat die Bertelsmann Stiftung so etwas Ähnliches, eine «Schwarz-Rot-Gold-Karte», empfohlen, um ausländische Fachkräfte aktiv anzuwerben. So gibt es in der Migrationspolitik in Europa viele Parallelen, aber auch große Unterschiede, was die Anwerbung von Arbeitsmigranten und die daraus resultierende Entwicklung angeht. Alle europäischen Länder sind aber wie Deutschland inzwischen zu Einwanderungsländern geworden.

24. Was ist zirkuläre bzw. temporäre Migration? Die Idee, ausländische Arbeitskräfte nur zeitweise zu beschäftigen und sie gegen neue «auszutauschen», ist nicht neu. Bereits in den 1970er Jahren spielte dieser Gedanke in der Ausländerpolitik eine wichtige Rolle. Oft wurde dabei auf die Schweiz verwiesen, die Saisonarbeitskräfte traditionell für einige Monate im Tourismus beschäftigte. Politisch auf die Agenda setzte diese Idee Baden-Württembergs Ministerpräsident Hans Filbinger (CDU), indem er 1973 sein Rotationsprinzip verkündete: «... das beste System mit den Gastarbeitern besteht darin – und zwar im beiderseitigen Interesse –, dass nach einiger Zeit, vielleicht nach drei Jahren, die Gastarbeiter wieder nach Hause zurückkehren zu ihren Familien oder, sofern sie die Familien dabei haben, diese mit nach Hause nehmen und dass sie dann ersetzt werden durch neue und junge Gastarbeiter, die dann zu uns kommen. Wir nennen dieses System ein rollierendes System ...»

Die Ausländerpolitik unter dem Motto «Freiwillige Rotation» und «Rückkehrprinzip» stieß auf starke Kritik und ließ sich so nicht verwirklichen. Wiederbelebt wurde diese Idee in der Global Commission, die vom früheren UN-Generalsekretär Kofi Annan eingesetzt worden war und die in ihrem Bericht 2005 sorgfältig geplante, zeitlich befristete Migrationsprogramme in Erwägung gezogen hatte, um den wirtschaftlichen Erfordernissen sowohl der Herkunfts- als auch der Zielländer zu begegnen. Es entstand das Schlagwort von der «zirkulären Migration». In diesem Zusammenhang sorgte im Oktober 2006 ein Strategiepapier für Aufmerksamkeit, das die damaligen Innenminister Nikolas Sarkozy und Wolfgang Schäuble ihren Amtskollegen bei einem informellen Treffen der Innenminister der sechs größten EU-Staaten vorlegten. Mit dieser «deutsch-französischen Initiative für eine neue europäische Migrationspolitik» wurde die «zirkuläre Migration» in erster Linie als Konzept zur Steuerung der legalen Migration und Eindämmung der irregulären Zuwanderung aus Drittstaaten vorgestellt. Bei der Weltkommission für Internationale Migration dagegen war dies Teil einer Gesamtstrategie in der Migrationspolitik, die mit Entwicklungspolitik verbunden werden sollte und nicht mit dem Rotationsprinzip gleichzusetzen ist. Die Kritik an der «zirkulären Migration» ähnelt den Einwürfen, die gegen das Rotationsprinzip Jahre zuvor ins Feld geführt worden waren. Es würden sich die Fehler der alten Gastarbeiterpolitik wiederholen. Die «zirkuläre Migration» sei nichts anderes als neuer Wein in alten Schläuchen und eben doch ein verkapptes Rotationsprinzip. Auch bei einer vorübergehenden Einwanderung seien Integrationsmaßnahmen notwendig. Man müsse aus der Geschichte der Gastarbeitereinwanderung lernen und nicht die gleichen Fehler machen wie früher.

In den letzten Jahren hat das Konzept der befristeten Migration und deren Sonderfall zirkulärer (wiederholter) Wanderungen eine gewisse Neubewertung – z. B. auch in der wissenschaftlichen Betrachtung von Steffen Angenendt von der Stiftung Wissenschaft und Politik – erfahren. Bei diesen Formen von Wanderungsbewegungen sei der Geldtransfer der Migrantinnen und Migranten in die Heimat besonders groß. Außerdem könne kein dauerhafter «Braindrain» – der Verlust von qualifizierten Arbeitskräften – entstehen. Die befristete Migration könne sogar «Triple-Win-Effekte» erzielen, d. h. positive Auswirkungen in dreierlei Hinsicht haben – für die Herkunftsländer, die Aufnahmeländer und die Migrantinnen und Migranten selbst. Diese Meinung wird seit einiger Zeit unter anderem von der Europäischen Kommission vertreten. Einzelne Regierungen haben bereits Programme zur Ausweitung von temporärer und zirkulärer Migration entwickelt. Dabei geht es aber oft in erster Linie um innen- und sicherheitspolitische Ziele. Verbunden mit entwicklungspolitischen Maßnahmen könnten solche Programme jedoch durchaus sinnvoll sein und Probleme, die aufgrund der demographischen Entwicklung entstanden sind, beispielsweise in der Altenpflege oder im Hotel- und Gaststättengewerbe, beseitigen helfen. Für die Entsendeländer kann neben den Geldüberweisungen auch der «Know-How-Transfer» einen entwicklungspolitischen Beitrag leisten.

25. Welche Rolle spielen Integrationsgipfel und der Nationale Integrationsplan?

Die Integrationsgipfel und der Nationale Integrationsplan (NIP) sind Meilensteine in der Migrationspolitik. Seit 2006 finden im Bundeskanzleramt Konferenzen statt, bei denen Vertreter unter anderem aus Politik, Gewerkschaften, Arbeitgeberverbänden, Sportverbänden und Migrantenverbänden Probleme der Zuwanderung diskutieren und Lösungsvorschläge vorlegen. Daraus wurde der Nationale Integrationsplan (NIP) entwickelt, der 2007 auf Bundesebene den Stand der Integration beleuchtete und Absichtserklärungen sowie Selbstverpflichtungen formulierte. Darin wollten z. B. die Länder «innerhalb der kommenden fünf Jahren die Schulabbrecherquote unter Jugendlichen mit Migrationshintergrund deutlich senken und eine Angleichung an den Gesamtdurchschnitt der Schülerinnen und Schüler erreichen». Ein zu hoch gestecktes Ziel, das sich erwartungsgemäß bis zum Jahre 2012 nicht verwirklichen ließ. Mit dem Nationalen Integrationsplan sollen außerdem die Integrationskurse verbessert und eine frühe Sprachförderung auf den Weg gebracht werden. Im Jahr 2008 wurde ein erster Fortschrittsbericht zum NIP vorgelegt. Auf der Grundlage des NIP wurde ein Aktionsplan erstellt, der auf dem 4. Integrationsgipfel am 3. November 2010 behandelt wurde. Der Aktionsplan enthält über

Selbstverpflichtungen staatlicher und zivilgesellschaftlicher Einrichtungen. Außerdem ist ein sogenanntes Monitoring geplant, durch das die Integrationsfortschritte überprüft werden. Insgesamt fanden bis zum Jahre 2013 sechs solcher Integrationsgipfel statt. Hinzu kamen seit 2007 drei Jugend-Integrationsgipfel im Kanzleramt. Die Ergebnisse der zahlreichen Arbeitsgruppen, Empfehlungen, Absichtserklärungen und Selbstverpflichtungen aus den Gipfeln und Plänen sind insgesamt komplex und fast verwirrend. Zahlreiche Überschneidungen und Wiederholungen machen es schwer festzustellen, was bereits alles in Angriff genommen und gar schon erreicht wurde. Die Deutsche Islamkonferenz (DIK) war fast schon ein Konkurrenzunternehmen zu den Integrationsgipfeln. So wurden beispielsweise jeweils in einer Arbeitsgruppe die Rolle der Medien beleuchtet und identische Ergebnisse festgehalten sowie ein entsprechender Forderungskatalog aufgestellt. Trotzdem waren die zahlreichen Veranstaltungen nicht nur eine «Show» im Hinblick auf Medien und Öffentlichkeit, sondern auch ein starkes Signal für Integration in Deutschland. Der Versuch, möglichst viele gesellschaftlich relevante Gruppen an einen Tisch zu bringen und vor allem auch die Migranten einzubinden, ist zumindest in Ansätzen gelungen.

26. Wie wichtig sind Migrantenorganisationen? Schon zu Beginn der Ausländerbeschäftigung spielten Migrantenorganisationen eine wichtige Rolle als Interessenvertretung ihrer Landsleute. Es entstanden Elternvereine, sogenannte Arbeitervereine, Kultur- und Sportverbände, aber auch religiöse Organisationen. Oft standen die Ausländervereine im Widerspruch zu den Regierungen ihrer Herkunftsländer wie die «Griechischen Gemeinden», die sich als Opposition zur Militärdiktatur verstanden, die von 1967 bis 1974 in Griechenland herrschte. Bundesweit sind viele von ihnen noch heute aktiv und kümmern sich um die Erhaltung der griechischen Sprache und Kultur. Die spanischen Elternvereine entstanden ebenfalls als Opposition zur Franco-Diktatur, die kroatischen Kulturvereine als Gegenpol zum kommunistischen Jugoslawien auf deutschem Boden. Die Organisation der Italiener kümmerte sich frühzeitig um die Kinder der Einwanderer, die in der Schule oft schlecht abschnitten.

Die klassischen Ausländervereine haben mit der Zeit an Bedeutung verloren. Trotzdem zählt man heute noch über 10 000 bis 20 000 solcher Vereine. Mit der Zunahme von Einbürgerungen und der Zuwanderung von Aussiedlern bestehen viele Migrantenvereine auch aus deutschen Staatsbürgern, wie die «Türkische Gemeinde», die besonders in der Öffentlichkeit präsent ist. Mit der neuen Integrationspolitik wurden Migrantenvereine als wichtige Partner erkannt und beispielsweise zu den Integrationsgipfeln im Kanzleramt eingeladen. Insgesamt nutzen Politik und Verwaltung inzwischen das zuvor oftmals brach liegende Potential der Migrantenverbände in der Integrationspolitik. In den letzten Jahren werden die Migrantenvereine und die «Diasporagemeinden» verstärkt als entwicklungspolitische Akteure entdeckt. Ihre Rücküberweisungen könnten mit zum Aufbau der Herkunftsländer beitragen und die Migrantenorganisationen selbst eine Brückenfunktion zwischen der alten und der neuen Heimat übernehmen.

27. Welche Aufgaben hat das Bundesamt für Migration und Flüchtlinge (BAMF)? Mit dem Inkrafttreten des Zuwanderungsgesetzes im Jahre 2005 erhielt das Bundesamt für Migration und Flüchtlinge zusätzliche Aufgaben. Bis dahin hieß es Bundesamt für die Anerkennung ausländischer Flüchtlinge. Mit der neuen Funktion wurden dem Amt die Aufgabe Integration (Integrationskurse, Integrationsprogramme, Integrationsberichte) übertragen. Das Nürnberger Amt ist dem Bundesinnenministerium zugeordnet und nimmt u. a. Aufgaben in den Bereichen Rückkehrförderung, Migrationsberatung für erwachsene Migranten oder jüdische Zuwanderer wahr. Das Bundesamt betreibt eigene Forschungen im Migrationsbereich und hat bundesweit 2800 Mitarbeiterinnen und Mitarbeiter, deren Zahl fast verdoppelt werden soll. Das BAMF ist für das Asylverfahren zuständig, weshalb die Hälfte seiner Mitarbeiter in diesem Bereich eingesetzt wird. Sogenannte Entscheider in den Außenstellen prüfen die Anträge und entscheiden darüber, ob Flüchtlinge anerkannt werden. Allein was die finanzielle und personelle Ausstattung angeht, nimmt das Amt als Kompetenzzentrum für Migration und Integration eine zentrale Rolle in Deutschland ein. Das BAMF unterhält 28 Außenstellen; weitere sind geplant. Der Präsident des Bundesamtes, Manfred Schmidt, trat im September 2015 von seinem Amt zurück. Beobachter bewerteten dies als eine Art «Bauernopfer» in einer überforderten Behörde. Hans-Jürgen Weise, Chef der Bundesagentur für Arbeit, übernahm die Leitung des BAMFs.

28. Was ist die Deutsche Islamkonferenz? Die Integration der über drei Millionen Muslime in Deutschland bleibt die wichtigste Herausforderung für die Migrationspolitik. Bundesinnenminister Wolfgang Schäuble (CDU) rief deshalb im Herbst 2005 die Deutsche Islamkonferenz ins Leben. Vertreter muslimischer Dachverbände, von Bund und Ländern sowie Einzelpersonen trafen sich zum schwierigen Dialog, der längst überfällig war. Ein Koordinierungsrat der Muslime in Deutschland (KRM) wurde gebildet und schon bald dafür kritisiert, er repräsentiere nicht die Muslime insgesamt. Es zeigte sich, dass die Muslime eben kein einheitlicher Block sind und dass es bei ihnen beispielsweise auch Atheisten gibt.

Die Deutsche Islamkonferenz verabschiedete verschiedene Vorschläge. Dazu gehören die Einführung von islamischem Religionsunterricht als ordentlichem Lehrfach, die Annahme von Empfehlungen zum Bau und Betrieb von Moscheen in Deutschland sowie zu islamischen Bestattungen, Empfehlungen zur Schaffung islamisch-theologischer Lehreinrichtungen an deutschen Universitäten sowie Empfehlungen für eine verantwortungsvolle, vorurteilsfreie und differenzierte Berichterstattung über Muslime und den Islam. Auch wenn es innerhalb der Islamkonferenz und innerhalb der eingeladenen Repräsentanten der islamischen Verbände immer wieder zu Spannungen und Problemen kam, so hat die DIK doch den vielbeschworenen Dialog auf Augenhöhe zwischen staatlichen Stellen und den Muslimen vorangebracht. Das Experiment dauert an. Allerdings – so eine Umfrage aus dem Jahre 2010 – kennt nur ein kleiner Teil der Muslime (11 Prozent) überhaupt die Deutsche Islamkonferenz.

29. Wie sieht die Integrationspolitik der Bundesländer aus? Den Bundesländern kommt eine wichtige Funktion in der Migrationspolitik zu, liegen doch Bereiche wie die Schulpolitik in ihrer Kompetenz. Die Ausführung für Aufenthalts-, Flüchtlings- und Einbürgerungsfragen liegt bei den Ländern, auch wenn die Gesetzgebung dazu beim Bund verankert ist. Über den Bundesrat nehmen die Länder Einfluss auf die Migrations- und Flüchtlingspolitik. Wiederholt kam es in diesem Zusammenhang zu einer Politisierung der Länderkammer. Ein Höhepunkt war der 22. März 2002, als Brandenburgs Ministerpräsident Manfred Stolpe (SPD) für das Zuwanderungsgesetz stimmte, sein Innenminister Jörg Schönbohm (CDU) aber dagegen votierte. In der Folge wurde das gespaltene Abstimmungsverhalten des Landes Brandenburg zur Stolperfalle für das Zuwanderungsgesetz, weil es deswegen vom Bundesverfassungsgericht kassiert wurde. Im Jahre 2014 stellte Baden-Württemberg mit seiner grünroten Landesregierung das Zünglein an der Waage in der Asylpolitik bei der Abstimmung im Bundesrat dar. Ministerpräsident Kretschmann, selbst von seiner eigenen Partei Bündnis90/Die Grünen heftig kritisiert, stimmte schließlich dem umstrittenen Asylkompromiss zu, womit Verbesserungen erreicht, aber gleichzeitig weitere Länder zu sicheren Herkunftsstaaten erklärt wurden.

Früher, in den 1970er und 1980er Jahren, galten die Stadtstaaten Hamburg und Bremen als liberal, was Aufenthaltsbestimmungen und Ausländerpolitik angeht. Länder wie Baden-Württemberg und Bayern verhielten sich eher restriktiv, beispielsweise beim Familiennachzug. In beiden Ländern gab es lange Zeit sogenannte Nationalklassen, bei denen die Ausländerkinder in der Muttersprache unterrichtet wurden und damit die Rückkehrmöglichkeit in das Land der Eltern aufrecht erhalten werden sollte.

Inzwischen steuern aber alle Bundesländer einen integrationspolitischen Kurs, auch wenn die Ausgestaltung und die Kompetenzen in diesem Bereich unterschiedlich bleiben. Baden-Württemberg hat als einziges Bundesland ein eigenständiges Integrationsministerium, andere Länder haben die Integration verschiedenen anderen Bereichen zugeordnet. In Rheinland-Pfalz gehört sie zum Ministerium für Integration, Familie, Kinder, Jugend und Frauen. Dieses Ministerium hat auch die Zuständigkeit für das Aufenthalts-, Flüchtlings- und Einbürgerungsrecht bekommen. In anderen Bundesländern liegt dieser Kernbereich der Migrationspolitik weiterhin im Entscheidungsbereich des jeweiligen Innenministeriums.

Die Integrationsministerkonferenz legte 2013 einen Bericht zum Stand der Integration in den Bundesländern vor. Die Untersuchung basiert auf 40 Indikatoren, die den Integrationsprozess bundesweit messbar machen wollen. Dazu gehören Sprachkenntnisse, Alter, Bildung, Gesundheit oder Teilhabe am öffentlichen Leben. Nach dem Bericht sind in fast allen Bereichen Fortschritte zu erkennen. So stieg die Zahl der Menschen mit Migrationshintergrund, die eine Hochschulreife haben. Dieser Anteil liegt mit 25,3 Prozent sogar etwas höher als bei den Menschen ohne Migrationshintergrund (25,1 Prozent). Beim Anteil der Akademiker gibt es kaum Unterschiede: Im Jahr 2011 hatten 10,6 Prozent der Bevölkerung mit Migrationshintergrund und 10,7 Prozent ohne Migrationshintergrund einen Hochschulabschluss. Dies führt der Bericht vor allem auf die neue Einwanderung aus Osteuropa zurück, die sich in den neuen Bundesländern niedergeschlagen hat. In Thüringen erzielten Menschen mit Migrationshintergrund die besten Ergebnisse bei Sprachprüfungen, außerdem gab es dort die höchste Anzahl von Gymnasiasten und Studienabsolventen. Auf dem Arbeitsmarkt bestehen nach dem Bericht immer noch Defizite – in allen Bundesländern liegt der Anteil von Arbeitslosen unter Menschen mit Migrationshintergrund um rund 10 Prozent höher als beim Rest der Bevölkerung.

30. Was sind Integrationsbeauftragte? Um die Integration der Ausländer zu verbessern, setzte im Jahr 1978 die damalige Bundesregierung einen ersten Ausländerbeauftragten – genauer: «Beauftragten zur Förderung der Integration der ausländischen Arbeitnehmer und ihrer Familienangehörigen» – ein. Er sollte sich ressortübergreifend mit der Lage der ausländischen Bevölkerung befassen und Vorschläge zur Bewältigung der Probleme vorlegen. Heinz Kühn (SPD), der frühere Ministerpräsident von Nordrhein-Westfalen, wurde zum ersten Ausländerbeauftragten der Bundesregierung ernannt. Nachfolgerin von Kühn wurde 1980 Liselotte Funcke (FDP). In ihrer mehr als zehnjährigen Amtszeit setzte sie Akzente unter anderem bei den Themen Kunst und Literatur der Einwanderer, der besseren Verständigung der Einheimischen und Migranten sowie bei der besseren politischen Teilhabe der Migranten. In harten politischen Auseinandersetzungen mit dem damaligen Bundesinnenminister Friedrich Zimmermann (CSU) verhinderte sie, dass das Nachzugsalter für Kinder von 16 auf sechs Jahre herabgesetzt wurde. Lieselotte Funcke fand mit ihren Vorschlägen kein Gehör beim früheren Bundeskanzler Helmut Kohl (CDU) und trat schließlich im Juni 1991 aus Protest zurück. In ihrem Schreiben stellte sie fest: «Die ausländische Arbeitnehmerbevölkerung sieht sich einer wachsenden Abwehr in der deutschen Bevölkerung und sogar tätlichen Angriffen ausgesetzt, ohne dass von politischer Seite ihre Anwesenheit begründet und ihre erwiesenen Leistungen gewertet werden. Ermutigungen zur Integration sind kaum erkennbar, eben sowenig wirksame Maßnahmen und ausreichender Schutz gegen fremdenfeindliche Jugendbanden. Die deutsche Bevölkerung ist zunehmend verunsichert angesichts einer ständigen ungeregelten Zuwanderung, für deren Bewältigung sie kein politisches Konzept erkennen kann. Die sich daraus ergebenden Ängste schlagen sich – wie aus meinem Briefeingang hervorgeht – nicht selten in mehr oder weniger heftigen Beschuldigungen gegen die Ausländer nieder und belasten damit die Stimmung auf beiden Seiten. Die Gefahr einer Eskalation ist nicht von der Hand zu weisen.» Es sei «zu befürchten, dass die zunehmende Beunruhigung in der deutschen und die Enttäuschungen in der ausländischen Bevölkerung zu Entwicklungen führen, die immer schwerer beherrschbar werden. Die wachsende Fremdenfeindlichkeit in den fünf neuen Bundesländern ist ein Alarmsignal.» Auch dieser «Brandbrief» blieb ohne Auswirkungen.

Die FDP-Politikerin Cornelia Schmalz-Jacobsen übernahm das Amt, das jetzt «Beauftragte der Bundesregierung für die Belange der Ausländer» hieß. 1997 erfolgte eine Aufwertung des Amtes, indem Stellung und Aufgaben im Ausländergesetz geregelt wurden und es dann als «Beauftragte der Bundesregierung für Ausländerfragen» bezeichnet wurde. Alle zwei Jahre wurde dem Deutschen Bundestag ein Bericht über die Lage der Ausländer in Deutschland vorgelegt. Frau Schmalz-Jacobsen unterbreitete bereits 1993 einen Gesetzentwurf zur Reform des Staatsangehörigkeitsrechts. Ihr folgte von 1998 bis 2005 Marieluise Beck von Bündnis 90/Die Grünen. Unter anderem führte sie eine große Werbekampagne zur Einbürgerung durch und beeinflusste maßgebend die Zuwanderungsgesetzgebung. Zum Ende ihrer Amtszeit legte die Politikerin ein Memorandum über die Integrationspolitik als Gesellschaftspolitik in einer Einwanderungsgesellschaft vor.

Im Jahre 2005 setzte die Bundesregierung Maria Böhmer (CDU) als Integrationsbeauftragte ein – das Amt bekam den Namen «Beauftragte der Bundesregierung für Migration, Flüchtlinge und Integration» und wurde mit dem Rang einer Staatsministerin im Bundeskanzleramt verortet, während die früheren Beauftragten den verschiedenen Ressorts wie dem Bundesarbeitsministerium zugeordnet waren. Schwerpunkt ihrer Arbeit war unter anderem die Entwicklung des Nationalen Integrationsplans. Während die Vorgängerin sich als «Anwälte» der Migranten verstanden, nahm Maria Böhmer weniger diese Funktion wahr, was auch daher rührt, dass sie in die Regierungsarbeit eingebunden war. Überraschend wurde nach der Bundestagswahl 2013 Aydan Özoğuz (SPD) als Integrationsbeauftragte der Bundesregierung – wiederum verankert im Bundeskanzleramt – eingesetzt. Die Tatsache, dass die Bundeskanzlerin das Thema Integration zur Chefsache machte und die Funktion der Beauftragten im Rang einer Ministerin im Kanzleramt ansiedelte, darf aber nicht darüber hinweg täuschen, dass die Macht in der Migrationspolitik traditionell beim Bundesinnenminster liegt. Alle Bundesinnenminister haben eigentlich eine ordnungspolitische, eher von Abwehr als von Integration geprägte Linie in der Ausländerpolitik vertreten. Der Bundesinnenminister verfügt über Personal und Geld, von dem die Bundesbeauftragte nur träumen kann. Ihm ist das Bundesamt für Migration und Flüchtlinge unterstellt, er herrscht über die Bestimmungen im Zuwanderungsgesetz und in der Asylpolitik.

Trotzdem setzten alle Integrationsbeauftragten wichtige Akzente in der Integrationspolitik und waren mit ihren Ideen und Konzepten ihrer Zeit weit voraus. Auch Teile der Medien übernahmen dabei eine gewisse Vorreiterrolle. So installierten der Westdeutsche Rundfunk (WDR) und der Süddeutsche Rundfunk (SDR) bzw. sein Nachfolgesender, der Südwestdeutsche Rundfunk (SWR), schon frühzeitig Integrationsbeauftragte.

Heutzutage haben viele Verbände bis hin zu lokalen Vereinen und selbst die Feuerwehr landauf, landab Integrationsbeauftragte. In den 1980er Jahren gab es etwa 50 kommunale Beauftragte, deren Zahl auf über 300 angestiegen ist. Sie alle haben eine Ombudsmann-Funktion wahrgenommen und sich für die Rechte und Probleme der Migranten oftmals auch in Einzelfällen eingesetzt. Eine der ersten Ausländerbeauftragten auf Landesebene waren Barbara John (Berlin) und Gabriele Erpenbeck (Niedersachsen), Almuth Berger, die Ausländerbeauftragte der letzten DDR-Regierung und spätere Integrationsbeauftragte des Landes Brandenburg, kämpfte gegen Fremdenfeindlichkeit und Rassismus in den ostdeutschen Bundesländern. Wolfgang Richter, Ausländerbeauftragter der Stadt Rostock, war bei den rassistischen Ausschreitungen im August 1992 mit Flüchtlingen im brennenden Asylbewerberheim eingeschlossen. Für sein mutiges Verhalten erhielt er das Bundesverdienstkreuz.

31. Wie beteiligen sich Migranten am politischen Geschehen in Deutschland? Bei den Wahlen zum Bundestag oder zum Landtag sind nur Deutsche ab 18 Jahren wahlberechtigt und wählbar. Viele Zuwanderer, die nicht die deutsche Staatsangehörigkeit haben, sind davon ausgeschlossen. Auf kommunaler Ebene und bei den Europawahlen besitzen durch die Unionsbürgerschaft auch Staatsangehörige anderer EU-Mitgliedstaaten ein aktives und passives Wahlrecht. Der Eintrag von Unionsbürgern in die Wählerverzeichnisse auf kommunaler Ebene erfolgt automatisch. Unionsbürger, die in Deutschland an der Europawahl teilnehmen möchten, müssen sich einmalig registrieren lassen. Voraussetzung dafür ist, dass man aus dem Wählerverzeichnis im Herkunftsland ausgetragen wurde. Dadurch soll verhindert werden, dass in zwei Ländern eine Stimme abgegeben wird. Nach Auffassung des Parteienforschers Andreas M. Wüst erscheint die Begrenzung des Wahlrechts auf Staatsbürger und EU-Bürger im internationalen Vergleich eher restriktiv. Viele Länder ermöglichen es Bürgern ohne die Staatsangehörigkeit des jeweiligen Landes, zumindest an den Kommunalwahlen teilzunehmen. In Europa sind dies u. a. sämtliche skandinavischen Länder und die Niederlande. Schweden räumte schon 1975 Ausländern, die sich seit mindestens drei Jahren im Land aufhalten, sowohl auf regionaler als auch auf lokaler Ebene das aktive und passive Wahlrecht ein. Bereits 1990 scheiterten Versuche, ein kommunales Ausländerwahlrecht in Deutschland einzuführen, am Bundesverfassungsgericht. Auf nationaler Ebene ist ein allgemeines Wahlrecht sehr selten. Nur in Chile, Neuseeland, Uruguay und Malawi gibt es – so der Migrationsexperte Wüst – solche Regelungen.

Insgesamt beteiligen sich Menschen mit Migrationshintergrund seltener an Wahlen als Menschen ohne Migrationshintergrund. Das liegt zum einen daran, dass die Wahlbeteiligung an die Staatsbürgerschaft bzw. die Unionsbürgerschaft geknüpft ist. Auch die Beteiligung der Unionsbürger an den Europawahlen in Deutschland ist sehr gering und lag 2004 bei 7 Prozent. An den Kommunalwahlen beteiligen sich auch weniger als ein Drittel der Unionsbürger. Bei Wahlen zu Integrationsbeiräten, denen aber wenig Bedeutung zukommt, ist die Beteiligung noch geringer. Die politische Beteiligung nimmt in den jüngeren Generationen und mit einem höheren Grad der Integration zu. Wähler mit Migrationshintergrund wählen eher Parteien der politischen Linken als Parteien, die rechts von der Mitte stehen. Türken neigen eher dazu, SPD zu wählen. Die Spätaussiedler galten lange Zeit als treue CDU-Wähler. So wurde schon gesagt, Helmut Kohl habe seine letzte Wahl mit den Stimmen der Spätaussiedler, die er aus Russland herausgeholt habe, gewonnen. Gerhard

Schröder dagegen sei 2002 noch einmal mit den Stimmen der eingebürgerten Türken und Türkinnen an der Macht geblieben. Im Laufe der Zeit gleicht sich das Wahlverhalten der Eingewanderten dem der einheimischen Bevölkerung an. So gelten die Spätaussiedler nicht mehr unbedingt als klares Wählerpotential der Unionsparteien.

Je nach Bundesland und Region machen Einwanderer und ihre Nachkommen bis zu 10 Prozent der Wahlberechtigten aus. Ein Wählerpotential, das die politischen Parteien in Deutschland erkannt haben und gezielt zum Teil auch in deren Muttersprache ansprechen. Im Vergleich zum Bevölkerungsanteil – 20,5 Prozent – sind Menschen mit Migrationshintergrund im Bundestag, in den Landtagen und in den Kommunalparlamenten deutlich unterrepräsentiert. Nach Angaben des Mediendienstes Integration sitzen im Bundestag 37 Abgeordnete mit Migrationshintergrund. Von den 631 Abgeordneten stammen damit 5,9 Prozent aus Einwandererfamilien. Gemessen an ihren Plätzen im Parlament verzeichnen die Linksfraktion mit 12,5 Prozent und Bündnis 90/Die Grünen mit 11,1 Prozent den höchsten Anteil von Abgeordneten mit Migrationshintergrund. Die SPD hat zwar, was die Zahlen angeht, mit 13 Politikern den höchsten Wert, liegt aber mit 6,7 Prozent Anteil in der Fraktion im Mittelfeld. Das Schlusslicht bilden die Unionsparteien mit 3,1 Prozent bei der CDU und 1,8 Prozent bei der bayerischen CSU. In den Landtagen hat die Zahl der Abgeordneten mit Migrationshintergrund in den letzten Jahren deutlich zugenommen. Im Jahre 2010 hat es unter den 1825 Landespolitikern 46 mit Migrationshintergrund gegeben. Das entspricht aber nur 2,5 Prozent der Abgeordneten. Auch in den kommunalen Parlamenten sind Einwanderer immer noch schwach vertreten, auch wenn ihr Anteil in den letzten zehn Jahren von 2,5 auf 4 Prozent gestiegen ist. Dies liegt immer noch weit unter dem Durchschnitt in der Bevölkerung, zumal in Großstädten der Migrationsanteil teilweise bis zu 40 Prozent ausmacht.

Insgesamt wird die Wählerschaft mit Migrationshintergrund in Deutschland künftig eine stärkere Bedeutung erlangen und für Parteien immer interessanter werden. Die Eingebürgerten haben Wählerstimmen zu bieten, die angesichts knapper Wahlergebnisse durchaus das Zünglein an der Waage spielen können. Bereits bei den Landtagswahlen in Nordrhein-Westfalen im Mai 2000 standen beispielsweise rund 180 000 Stimmen von «Deutsch-Türken», wie sie genannt werden, auf dem Spiel.

IV. Gruppen von Einwanderern

32. Was sind Gastarbeiter? Im Nachkriegsdeutschland wurden «Gastarbeiter» angeworben, weil Arbeitskräfte fehlten. Die Wortschöpfung «Gastarbeiter» war jedoch von Anfang an falsch, denn Gäste lässt man bekannterweise nicht arbeiten, und diese gehen nach einiger Zeit wieder nach Hause. Das traf für unsere «Gastarbeiter» aber nicht zu. Sie blieben auf Dauer in Deutschland. Im Zeitraum von 1955 bis 1973 kamen 14 Millionen Arbeitsmigranten nach Deutschland. Elf Millionen kehrten aber in diesem Zeitraum wieder zurück.

Später nannte man die «Gastarbeiter» «Ausländische Mitbürger» oder «Ausländische Einwohner», bis man sich endlich dazu durchringen konnte, den Begriff der Wirklichkeit anzupassen und sie als «Einwanderer» zu bezeichnen. Die «Gastarbeiter», haben mit zum «Wirtschaftswunder» beigetragen und Deutschland wieder aufgebaut. 1973 wurde in einer Wirtschaftskrise der Anwerbestopp verhängt. Diese Maßnahme erreichte aber geradezu das Gegenteil: Die ausländischen Arbeitskräfte blieben und holten teilweise ihre Familien nach. Endgültig wurde aus dem Provisorium eine dauerhafte Einwanderung. Heutzutage spricht man schon lange nicht mehr von «Gastarbeitern», sondern von Arbeitsmigranten, Menschen, die nach Deutschland kommen, weil wir sie als Arbeitskräfte brauchen.

33. Was sind Flüchtlinge und Asylbewerber? Flüchtlinge sind Menschen, die vor Kriegen fliehen oder ihre Heimat aus anderen Notlagen heraus verlassen müssen und in einem anderen Land Schutz und Zuflucht suchen. Die Genfer Flüchtlingskonvention (GFK) – siehe Frage Nr. 57 – legt den Begriff des Flüchtlings näher fest. Asylbewerber sind Menschen, die in Deutschland einen Antrag auf Gewährung eines Asylstatus stellen. Insgesamt lebten (Stand 30. Juni 2015) rund 744 000 Flüchtlinge in Deutschland, die als Schutzsuchende gekommen sind und mit unterschiedlichem Status hier leben. Ende September 2015 lag die Zahl der noch nicht entschiedenen Asylanträge bei über 300 000. In keinem anderen Land der EU gibt es mehr unerledigte Anträge als in Deutschland. In der Bundesrepublik warten so viele Flüchtlinge auf eine Entscheidung in ihrem Asylverfahren wie in den fünf anderen wichtigsten Aufnahmeländer der EU zusammen. Im Durchschnitt dauerte ein Asylverfahren im Frühjahr 2015 etwa sieben Monate. Im Koalitionsvertrag von Union

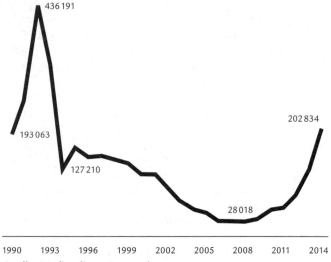

Quelle: Mediendienst Integration

und SPD ist eine Verfahrensdauer von drei Monaten vereinbart worden. Um die Verfahren zu beschleunigen und den Stau von Anträgen abzubauen, vereinbarten Bund und Länder bei einem Spitzentreffen im Bundeskanzleramt am 8. Mai 2015, die Stellen beim Bundesamt für Migration und Flüchtlinge um bis zu 2000 aufzustocken. Antragsteller, die mutmaßlich wenig Chancen auf Anerkennung haben – z. B. Bewerber aus dem Westbalkan –, sollen in zentralen Erstaufnahmeeinrichtungen zusammengefasst und die Verfahren in wenigen Wochen bearbeitet werden. Personen mit guten Chancen auf Anerkennung wie die Bürgerkriegsflüchtlinge aus Syrien sollen auf der anderen Seite schneller integriert werden. Dafür kündigte der Bundesinnenminister zusätzliche Gelder für Deutschkurse und berufsqualifizierende Maßnahmen über die Bundesarbeitsagentur an. Die Flüchtlingshilfsorganisation PRO ASYL warnte nach dieser Entscheidung vor einer «Aufteilung von Flüchtlingen nach pauschalierender Betrachtung des Herkunftslandes». Hier würden Vorentscheidungen getroffen, bevor der Einzelfall begutachtet wurde. Dies sei aber der Kern des Asylverfahrens.

Als die Zahl der Asylanträge Anfang der 1990er Jahre auf fast eine halbe Million angestiegen war, wurden die Stellen beim Bundesamt ebenfalls drastisch erhöht. Dadurch wurde der Stau verhältnismäßig rasch abgebaut, weniger durch die Änderung der Asylpolitik, die erst mit einiger Verzögerung griff. So wurden in einem Jahr 140 Prozent mehr Entscheidungen gefällt als im Jahr zuvor. Nachdem die Zahlen zurückgegangen waren, wurde das Personal wieder abgebaut bzw. anderen Aufgaben zugeführt. Als die Zahl der Anträge ab 2012 wieder stark anstieg, waren nicht mehr genügend Sachbearbeiter vorhanden, was 2015 zu einer Überforderung von Behörden und Kommunen führen musste. Rasch wurden 300 neue Stellen für 2015 bewilligt. Die Lehre für die Zukunft: Es muss eine entsprechende Anzahl von Entscheidern auf Dauer da sein, weil die Zahlen aller Voraussicht nach auf hohem Niveau bleiben werden. Zumindest sollte gewährleistet sein, dass bei steigenden Zahlen «Reserven» im Stellenplan aktiviert werden können. Eine vorausschauende Flüchtlingspolitik ist dringend notwendig, nicht nur was die Stellen, sondern auch was die Unterbringungsmöglichkeiten angeht.

34. Sind die Flüchtlinge, die nach dem Zweiten Weltkrieg in Deutschland Schutz fanden, keine Migranten? So wie der Begriff Migrationshintergrund festgelegt ist, zählen die Heimatvertriebenen nicht dazu. Zwei Gruppen werden dabei nicht erfasst: erstens die nach dem Zweiten Weltkrieg zu Displaced Persons (DPs) gemachten ehemaligen NS-Zwangsarbeiter, von denen etwa 160 000 als «Heimatlose Ausländer» – wie es dann im Amtsdeutsch hieß – hier blieben.

Zweitens die 12,5 Millionen deutschen Vertriebenen, die nach dem Zweiten Weltkrieg aufgenommen wurden. Nähme man diese beiden Gruppen in die Statistik auf, würde sich die Zahl der «Menschen mit Migrationshintergrund» mehr als verdoppeln, also fast die Hälfte der Bevölkerung ausmachen. Darüber hinaus sind seit der Gründung der Bundesrepublik 4,5 Millionen Aussiedler, seit 1993 amtlich «Spätaussiedler» genannt, vor allem aus der Sowjetunion und deren Nachfolgestaaten zugewandert.

Es hält sich die Legende, Heimatvertriebene und Flüchtlinge seien rasch integriert worden. In Wirklichkeit waren sie keineswegs gleich willkommen, vielmehr Anfeindungen und Vorurteilen ausgesetzt. Ein Kommentar der Rhein-Neckar-Zeitung vom 13. April 1949 bringt das zum Ausdruck: «Die Flüchtlinge sind grundsätzlich schmutzig. Sie sind grundsätzlich primitiv, ja sind sogar grundsätzlich unehrlich. Dass sie faul sind, versteht sich am Rande und dass sie lieber einen braven Einheimischen betrügen, als ihm eine Arbeit abzunehmen. Ganz abgesehen davon, dass sie das streitsüchtigste Volk sind, das in unseren Gassen und Gässchen einherläuft. Und einen Dank für das, was man ihnen tut, kennen sie nicht. Das ist es, was man in 90 von 100 Unterhaltungen über Flüchtlinge zu hören bekommt.»

Der «Mythos der schnellen Integration» der Heimatvertriebenen ist auf jeden Fall längst widerlegt. Vielmehr war Deutschland für viele Flüchtlinge eine «Kalte Heimat», wie eine Untersuchung überschrieben ist. Auch die Heimatvertriebenen haben ihre Zeit gebraucht, um sich zu integrieren. Deutschland könnte auf diesen Erfahrungen aufbauen, denn die Flüchtlinge von heute sind ebenso Heimatvertriebene. Aus der eigenen Migrationsgeschichte wurde aber leider im Nachkriegsdeutschland nur wenig gelernt.

35. Sind Italiener «Deutsche»? Die Italiener sind die Pioniere der «Gastarbeiterbeschäftigung» nach dem Zweiten Weltkrieg in Deutschland. Sie kamen schon ins Land, bevor das Anwerbeabkommen mit Italien abgeschlossen wurde. Die ersten Versuche, oberitalienische Landarbeiter auf die Bauernhöfe zu holen, fanden bereits 1952 in Südbaden statt. Wegen der Landflucht herrschte auf den Höfen Arbeitskräftemangel. Karl Lutterbeck vom Bauernverband Württemberg-Baden machte sich deshalb auf die Suche nach italienischen Arbeitskräften. Er schildert die Auslese so: «Da saßen wir an einem Tisch, so wie bei einer Musterungskommission, und die defilierten dann also an uns vorbei. Und dann haben wir sie uns nach der Größe, nach der Stärke, nach Körperbau angeguckt. Manchmal haben wir uns auch die Hände zeigen lassen, ob sie auch möglichst große Hände und feste Schwielen an den Fingern haben. Daraus meinten wir zu sehen, dass er also das Arbeiten gewöhnt ist. Ab und zu guckte man einem dieser Italiener in den Mund, um festzustellen, ob auch seine Zähne einigermaßen in Ordnung sind!» So wurden die Landarbeiter ausgewählt und kamen 1955 nach Stuttgart, wo ihre Bauern die allerersten «Gastarbeiter» am Bahnhof in Empfang nahmen.

Die Italiener stellten bis 1970 die größte Gruppe von Arbeitsmigranten und prägten nachhaltig das Bild vom «Gastarbeiter». Der touristisch eingefärbte Blick auf das Land der Italiener kam hinzu. Deutschland wurde nach dem Zweiten Weltkrieg wieder weltoffener, als es Italien als Reiseland entdeckte und «Bella Italia» zum geflügelten Wort wurde. Die Italiensehnsucht schlug sich auch im Schlager nieder, in Liedern wie: «Zwei kleine Italiener» oder «Wenn bei Capri die rote Sonne ...». Allein 1958 reisten vier Millionen Deutsche nach Italien. Über Generationen hinweg machten sich Touristen aus Deutschland auf nach Italien, auf die Campingplätze an der Adria, in die Hotels und Pensionen in der Toskana oder in Kalabrien. So ist für viele das Land, «wo die Zitronen blühen», fast zur zweiten Heimat geworden. Aber: Klischees, Stereotype und auch Vorurteile aus den frühen Gastarbeiter- und Italienjahren schwingen noch bis heute mit, wenn es um Italiener in Deutschland und Deutsche in Italien geht. So schlug den Italienern der ersten Stunde in Deutschland keineswegs nur Sympathie entgegen. Im Gegenteil: «Spaghetti-Fresser» war ein Schimpfwort, das lange Zeit hängen blieb.

Inzwischen gelten die Italiener als bestens integriert. In Pizzerien und im Urlaub in Italien fühlen sich viele Deutsche schon wie zu Hause. Das «Deutsch-Italienisch», das viele Italiener in Deutschland sprechen, wird als geradezu sympathisch empfunden. Hinter den Kulissen sieht es in den italienischen Familien jedoch ganz anders aus. Die italienischen «Pionier-Gastarbeiter», die jetzt in Rente gehen, sprechen schlecht Deutsch und wissen oft nicht, wo sie ihren Lebensabend verbringen sollen. Freunde, Bekannte und Familienangehörige in Italien gibt es oft nicht mehr. In Deutschland haben sie oft auch nicht Fuß gefasst. Von den jungen Italienerinnen und Italienern der zweiten und dritten Generation hört man oft: «In Italien sagen sie ‹Die Deutschen kommen.› In Deutschland sind wir ‹die Italiener›! Was sind wir eigentlich – wo ist unsere Heimat?» Viele leben zwischen zwei Welten.

36. Sind Türken integrationsunwillig? Heutzutage leben rund 1,5 Millionen Menschen mit türkischer Staatsangehörigkeit in Deutschland. Hinzu kommen die Eingebürgerten, so dass es insgesamt drei bis vier Millionen Personen – eine Statistik über Eingebürgerte wird nicht geführt – mit türkischen Wurzeln in Deutschland geben dürfte. Türkischstämmig ist die erste und bisher einzige Integrationsministerin in Deutschland, Bilkay Öney, in Baden-Württemberg. Die erste Ministerin mit türkischen Wurzeln sitzt jetzt am Kabinettstisch in Berlin: Aydan Özoğuz, die Beauftragte der Bundesregierung für Migration, Flüchtlinge und Integration.

Eine solche Entwicklung hätte sich wohl kaum jemand träumen lassen, als das Anwerbeabkommen mit der Türkei unterzeichnet wurde. Nicht nur Stereotype und Vorurteile prägten damals das Bild von den Türken und ihrem Land, wie Untersuchungen beispielsweise von Karin Hunn über die Geschichte türkischer Gastarbeiter zeigen. Die Türken kamen mit einem fast schon idealisierten Bild von deutschem Fleiß und deutscher Gründlichkeit an Rhein und Ruhr. In Deutschland herrschte eine teilweise aufgeschlossene und tolerante Haltung gegenüber den türkischen Muslimen, als das Anwerbeabkommen abgeschlossen wurde. Alles in allem muss jedoch rückblickend festgestellt werden, dass wir mit Türken und anderen Migranten jahrzehntelang – wenn auch ohne große Konflikte – nebeneinanderher gelebt haben, die früheren Gastarbeiter in einer Rückkehrillusion, Deutschland mit der Lebenslüge «wir sind kein Einwanderungsland».

Das (Aus-)Bildungsniveau der über die Anwerbekommissionen angeworbenen türkischen Arbeitsmigranten war übrigens keineswegs so niedrig, wie oft angenommen wird. Die Qualifikation der türkischen Auswanderer lag über dem Durchschnitt in der Türkei. Karin Hunn spricht sogar von einer «Auswandererelite». In den folgenden Jahren kamen aber mehr Menschen mit niedriger Bildung und Ausbildung aus der Türkei nach Deutschland. Eine soziale Unterschichtung bildete sich heraus, die sich bis heute negativ auf die Bildungsabschlüsse junger Türkinnen und Türken auswirkt.

Auch die Türken haben ihren «Gastarbeiter-Jubilar»: Am 27. November 1969 erwartete den 24-jährigen Türken Ismail Bahadır in München ein festlicher Empfang als der millionste ausländische Arbeitnehmer, der von den Dienststellen der Bundesanstalt für Arbeit in Südeuropa, in der Türkei und Tunesien vermittelt wurde. Zum Empfangskomitee gehörte der Präsident der Bundesanstalt für Arbeit, Josef Stingl, der dem überraschten türkischen Gastarbeiter einen Fernsehapparat überreichte. Stingl bezeichnete die Arbeit der ausländischen Arbeitskräfte in der Bundesrepublik als «nicht messbaren Gewinn».

Nach einer gewissen «Gastarbeitereuphorie» setzte aber schon bald eine Auseinandersetzung um die Vor- und Nachteile der Ausländerbeschäftigung ein, vor allem deshalb, weil immer mehr ausländische Arbeitnehmer ihre Familien nachholten und erkennbar wurde, dass die Ausländerbeschäftigung eben kein vorübergehendes Phänomen bleiben sollte. Diese Debatte schlug sich nach der sogenannten Ölkrise im Anwerbestopp für ausländische Arbeitnehmer nieder, der am 23. November 1973 von der Bundesrepublik verhängt wurde. Auch andere europäische Staaten stoppten zu diesem Zeitpunkt die Anwerbung ausländischer Arbeiter aus dem Mittelmeerraum. Alles in allem kamen bis zum Anwerbestopp rund 867 000 Türken nach Deutschland. Zurückgekehrt sind in diesem Zeitraum rund 240 000 Personen. Über eine Million Ausreisewillige standen zeitweise auf den Listen der Anwerbekommission in der Türkei, die mit bis zu sieben Jahren Wartezeit rechnen mussten. Die Migration nach Deutschland entlastete den Arbeitsmarkt in der Türkei, brachte vor allem Devisen, die innerhalb weniger Jahre zu einer der wichtigsten Einnahmequellen für die Türkei wurden. 1964 überwiesen die Auslandstürken acht Millionen Dollar in ihre Heimat. Im Jahre 1973 waren es schon rund 1,2 Milliarden Dollar, wodurch das Außenhandelsdefizit im selben Jahr zu 153 Prozent gedeckt werden konnte.

Nach dem Anwerbestopp von 1973 holten viele türkische Arbeitnehmer ihre Familien nach. Mit dem Militärputsch 1980 und aufgrund des Kurden-Konflikts kamen auch immer mehr Asylbewerber nach Deutschland. Das sogenannte Ausländerthema in der Bundesrepublik wurde immer mehr zu einem «Türkenproblem» gemacht. So stellten die im Februar 1980 von der Berliner CDU geäußerten Befürchtungen, dass sich die Berliner im Falle einer weiteren Zunahme türkischer Migranten nicht mehr mit ihrer Stadt identifizieren könnten, damals keineswegs die Ausnahme dar. Immer häufiger war – so Karin Hunn – nun vom «deutschen Volk» die Rede, das durch die Einwanderung «fremder Völker» in seinem Charakter oder sogar in seiner Existenz bedroht werde. Das bayerische Innenministerium meinte beispielsweise 1972, dass durch den dauerhaften Verbleib von Ausländern «massive Umweltschutzinteressen» in Deutschland berührt würden. Der Ausschuss für Arbeitsmarktfragen des Verwaltungsrats der Bundesanstalt für Arbeit begründete seine Vorbehalte gegenüber dem Anstieg der Ausländerbeschäftigung ebenfalls damit, dass die Schaffung von «Lebensraum für die hier verbleibenden ausländischen Arbeitnehmer» bedeuten würde, den «Lebensraum der übrigen in der Bundesrepublik lebenden Menschen zu begrenzen». Rückkehrprämien für Türken und andere ausländerpolitische Maßnahmen verstärkten eher die ablehnende Haltung der deutschen Bevölkerung gegenüber den türkischen Einwanderern und führten dazu, dass sich türkische Familien teilweise abkapselten. Auch die türkische Regierung muss sich vorhalten lassen, sich jahrzehntelang viel zu wenig um ihre Landsleute im Ausland gekümmert zu haben. Immer wieder haben Intellektuelle und Politiker in der Bundesrepublik im Laufe der Zeit – ob gewollt oder ungewollt, spielt eigentlich keine Rolle – «Türkenfeindlichkeit» geschürt, was sich mit zahlreichen Zitaten belegen lässt. Auch die Absicht des Altkanzlers Helmut Kohl (CDU) aus dem Jahre 1982, die erst vor Kurzem bekannt wurde, die Hälfte der in der Bundesrepublik lebenden Türken zurück in ihr Herkunftsland zu schicken, erwies sich als Illusion. Es zeigte sich, dass Deutschland längst zum Einwanderungsland geworden war und dass sich das Rad der Geschichte nicht mehr zurückdrehen ließ. Anfang der 1990er Jahre kam es zu Ausschreitungen auch gegen Türken in Deutschland, beispielsweise in Mölln 1992 und Solingen 1993, wo fünf Personen bei einem Brandanschlag ums Leben kamen. Türken in Deutschland kritisierten, dass Bundeskanzler Kohl den Trauerfeiern fernblieb. Bundeskanzlerin Angela Merkel beteiligte sich dagegen im Februar 2012 in Berlin an der Trauerfeier für die von der NSU ermordeten Personen, unter denen viele Migranten aus der Türkei waren.

Untersuchungen der CDU-nahen Konrad-Adenauer-Stiftung belegten schon vor Jahren, dass die Türken in Deutschland viel besser integriert sind als gemeinhin angenommen. Ein überraschend hoher Anteil – nämlich fast die Hälfte – fühlt sich mit Deutschland ziemlich stark oder stark verbunden. Etwa die Hälfte der hier lebenden Türken wäre sogar bereit, Deutschland bei einem militärischen Angriff durch ein islamistisches Land zu verteidigen. Dieser Wert liegt über dem in den neuen Bundesländern unter Deutschen ermittelten Wert (42 Prozent). Erstaunlich ist auch, dass die Gesellschaftsordnung in Deutschland bei den hier lebenden Türken eine deutlich höhere Akzeptanz als bei der deutschen Bevölkerung hat. Nur 8 Prozent halten sie für ungerecht. Bei der deutschen Bevölkerung ist es fast die Hälfte. Auch mit der Demokratie in Deutschland sind die hier lebenden Türken zufriedener als die Deutschen. Zwar hat sich schon über die Hälfte von ihnen mehr oder weniger diskriminiert gefühlt. Aber solche Erfahrungen werden nicht auf das Gesellschaftssystem in Deutschland übertragen. Zu staatlichen und gesellschaftlichen Institutionen haben die Türken in Deutschland ein relativ hohes Vertrauen. Der Säkularisierungsgrad unter ihnen ist erstaunlich hoch. Nur für etwa die Hälfte spielt Religion eine wichtige Rolle. Der weitaus größte Teil (77 Prozent) bekennt sich zu einem toleranten Islam und erkennt das Christentum als eine gleichwertige Religion an. Auffällig ist, dass bei den Türken in Deutschland deutsche Medien mehr Vertrauen genießen als türkische. Längst werden deutsche Medien etwa genauso viel genutzt wie türkische, was dem Bild des «Mediengettos» widerspricht.

Es ließen sich weitere Untersuchungen, die einen Integrationserfolg bescheinigen, aufzählen, sie werden aber offensichtlich in der Öffentlichkeit kaum zur Kenntnis genommen. Beispiele gescheiterter Integration kommen schon eher in die Schlagzeilen. Neueste Forschungsergebnisse des Zentrums für Türkeistudien und Integrationsforschung (ZFTI) bestätigen, dass das Zusammenleben seit 1999 nicht schlechter geworden ist, sondern sich langsam, aber stetig intensiviert hat, was an den wachsenden interethnischen Kontakten abzulesen ist. Unter Integration wird oft verstanden, dass sich Ausländer einbürgern lassen. Bei den Migranten aus der Türkei hat bereits jeder Dritte die deutsche Staatsbürgerschaft angenommen, was für Integrationswilligkeit spricht. Die Einbürgerungsquote bei der türkischen Minderheit liegt deutlich höher als deren Anteil an der ausländischen Gesamtbevölkerung Deutschlands.

37. Sind Griechen und Spanier die vergessenen Ausländer? Der Arbeitsmarkt in Italien, mit dem Deutschland bereits 1955 das erste Anwerbeabkommen abgeschlossen hatte, war «leer gefegt». Arbeitskräfte wurden aber im Nachkriegsdeutschland weiterhin dringend gesucht. Bundesarbeitsminister Theodor Blank schloss deshalb gleichzeitig Abkommen nach dem deutsch-italienischen Vorbild mit Griechenland und Spanien ab (deutsch-spanischer Anwerbevertrag vom 29.3.1960; deutsch-griechischer vom 30.3.1960). Zur Ausländerbeschäftigung – so Arbeitsminister Blank – gebe es keine Alternative, weil trotz fortschreitender Rationalisierung und Mechanisierung der Produktionsverfahren in der Bundesrepublik weiterhin ein steigender Kräftebedarf zu erwarten sei. Auf der anderen Seite verfüge der deutsche Arbeitsmarkt über keine Reserven mehr, die Zahl der Sowjetzonenflüchtlinge gehe zurück, und das Arbeitskräftepotential werde weiter schrumpfen wegen der veränderten Altersstruktur, der verbesserten Altersversorgung und der vermehrten Einberufungen zum Wehrdienst.

Spanier und Griechen litten unter schlechten wirtschaftlichen und politischen Rahmenbedingungen im eigenen Land. Ihre Regierungen waren sehr daran interessiert, die hohe Arbeitslosigkeit zumindest teilweise durch Auswanderung zu beseitigen. Schätzungsweise eine Million Griechen arbeiteten so zumindest zeitweise in Deutschland, was einem Zehntel der Bevölkerung entspricht. Zeitzeugen wie Hans-Jörg Eckhardt vom Landesarbeitsamt Baden-Württemberg erinnert sich noch gut an die Anwerbezeit: «Es war für Baden-Württemberg aus Sicht der Wirtschaft lebensnotwendig, dass eben ‹Gastarbeiter› gekommen sind. Ich war selbst in den Jahren davor einmal bei unserer Verbindungsstelle in Griechenland, habe selbst ‹Gastarbeiter› für Baden-Württemberg mit angeworben, und damals kamen Fernschreiben unserer deutschen Firmen – auch aus dem ‹Ländle› –, in denen es dann ganz einfach hieß: ‹Bitte sofort fünf Stück Hilfsarbeiter›.» Im «Vermittlungsauftrag» stand dann auch einfach manchmal: «Ein Stück ‹Transportarbeiter› oder ein Stück ‹Lagerarbeiter›». Eine andere Firma habe geschrieben: «Wir bitten nachstehende Personen ... umgehend in Marsch zu setzen.»

Die Auswanderung war für Griechenland und die anderen Herkunftsländer der ausländischen Arbeitskräfte ein zweischneidiges Schwert. Die Migration linderte in der Tat die Arbeitslosigkeit und verschaffte durch die Überweisungen der Landsleute aus dem Ausland harte Devisen. Auf der anderen Seite brachte die massenhafte Auswanderung Länder wie Griechenland in eine schwierige Lage, wie ein Sonderberater des griechischen Arbeitsministeriums in einem ausführlichen Bericht mit dem Titel «Die griechischen Arbeiter in Deutschland und ihre Probleme» bereits 1966 feststellte: «In den Dörfern fehlen die Arbeitskräfte, um landwirtschaftliche Maschinen zu bedienen und die Oliven zu ernten. Wegen des Mangels an Fachkräften entstehen auch in den verschiedenen Industriebetrieben Probleme. Noch komplizierter ist die Situation auf dem Bausektor. Es ist sehr schwierig Arbeitskräfte zu finden ... Bei Bauarbeiten auf dem Lande war früher das Angebot an Arbeitskräften aus den benachbarten Ortschaften groß, ja sogar überschüssig. Heute fehlen die jungen und kräftigen Menschen, die etwas leisten können. Die Dörfer sind inzwischen zu Altersheimen geworden.»

Der kritische Beobachter resümierte allerdings nach seiner Deutschlandreise, dass eine «Eindämmung des Auswanderungsstromes» unmöglich sei, unter anderem «weil die Gesetze der Wirtschaft keine

Einschränkungen kennen und auch von Polizeimaßnahmen nicht beeinflusst werden können». Schließlich stellte der Sonderberater noch lakonisch fest: «Außerdem neigt der Grieche aus verschiedenen Gründen immer dazu auszuwandern.»

Die Griechen wie auch manche anderen «Gastarbeiter» mussten ihre Heimat nicht nur aus wirtschaftlicher Not, sondern auch aus politischen Gründen verlassen. In Griechenland herrschte von 1967 bis 1974 eine Militärdiktatur. Spanien fand erst 1975 zu demokratischen Verhältnissen, nachdem der Diktator Franco gestorben war. Allein in den Jahren von 1960 bis 1969 wanderten 1,5 Millionen Spanier aus, viele davon nach Deutschland, wo man sie dringend als Arbeitskräfte brauchte.

Heute leben rund 276 000 Menschen mit griechischem Pass in Deutschland. Hinzu kommen diejenigen mit griechischem Migrationshintergrund und deutschem Pass. Beide Gruppen werden zusammen auf bis zu 400 000 geschätzt. In Baden-Württemberg befindet sich mit über 40 000 Personen die größte griechische Gemeinschaft in Europa außerhalb Griechenlands. Bis vor Kurzem ging die Zahl der Griechen in Deutschland ständig zurück. Seit dem Ausbruch der Krise in Griechenland hat ihre Zahl jedoch wieder zugenommen. Auch die Zahl der Eingebürgerten wächst in den letzten Jahren. Früher wurde den Griechen nachgesagt, dass sie mit dem Erwerb der deutschen Staatsbürgerschaft eher zurückhaltend seien, obwohl sie als EU-Bürger beide Pässe haben können. Griechische Migrantenkinder sind relativ erfolgreich in der Schule, auch wenn sie nicht so gut abschneiden wie die deutschen Klassenkameraden. 19 Prozent verfügen über Abitur oder Fachhochschulreife. Dieser Wert ist höher als bei den Italienern (12 Prozent) und bei der Gruppe aus dem ehemaligen Jugoslawien (14 Prozent) oder bei den Türken (10 Prozent). Über 80 Prozent der griechischen Migranten sind erwerbstätig, was den höchsten Wert unter den Migranten insgesamt darstellt.

Auch bei den spanischen Kindern sind Bildungserfolge zu verzeichnen. So sind sie am häufigsten von allen ausländischen Kindern an den Universitäten anzutreffen. Dies liegt vor allem an den spanischen Elternvereinen, die sich im Laufe der Jahrzehnte sehr aktiv für die Interessen ihrer Kinder auch gegenüber den deutschen Schulen und Kultusbehörden eingesetzt haben. 1973 wurde der «Bund Spanischer Elternvereine in der Bundesrepublik Deutschland e. V.» gegründet. In den 1970er Jahren gab es über 100 spanische Elternvereine. Viele spanische Gastarbeiter kamen ohne offizielle Erlaubnis ihres Heimatlandes nach Deutschland. Man schätzt, dass bis zu 30 Prozent aller nach Deutschland eingereisten Spanier – heute würde man sagen – «illegal» kamen. Die höchste Zahl der Spanier wurde 1973 mit 286 000 verzeichnet. Zwischenzeitlich sank ihre Zahl auf rund 105 000. Ähnlich wie bei den Griechen steigt sie aber seit der Wirtschaftskrise wieder an. So wanderten in den Krisenjahren 2011 und 2012 jeweils etwa 114 000 Personen aus. Im Jahre 2014 stieg diese Zahl auf knapp 125 000, obwohl Spanien eine wirtschaftliche Erholung verzeichnet.

Insgesamt haben rund 2,2 Millionen Spanier ihr Land verlassen und arbeiten im Ausland. Das sind fast 5 Prozent der Bevölkerung. Spanien ist längst, wie auch Griechenland, ein Aus- und Einwanderungsland. Die Zahl der Ausländer in Spanien stieg von 1975 von rund 200 000 um fast das Neunzehnfache auf 5,8 Millionen im Jahr 2011 an. Spanien mit seinen Außengrenzen in der Europäischen Union wird seit Jahren mit dem Problem der Bootsflüchtlinge aus Afrika konfrontiert. Unter den Ausländern in Spanien befinden sich viele Deutsche, diese rund 200 000 Personen übertreffen die Zahl der in Deutschland lebenden Spanier. Griechenland ist in den letzten Jahren sehr stark von Einwanderung betroffen worden. Über die Grenzen zur Türkei sind viele Zuwanderer irregulär ins Land gelangt. Die Schätzungen gehen so weit, dass sich bis zu eine Million Migranten im Land aufhalten.

38. Gibt es überhaupt noch Portugiesen in Deutschland? Mit rund 115 000 Personen nehmen die Portugiesen nur den 13. Rang unter den in Deutschland lebenden ausländischen Bevölkerungsgruppen ein. Vor allem Portugiesen werden in Deutschland kaum noch wahrgenommen und gelten als angepasst und gut integriert. Mit dem einmillionsten Gastarbeiter stellen sie den prominentesten Migranten. Das Anwerbeabkommen wurde am 17. März 1964 unterzeichnet. Portugal ist ein klassisches Auswanderungsland. Die Rücküberweisungen waren eine wichtige Einnahmequelle für Portugal und machten in manchen Jahren bis zu 10 Prozent des portugiesischen Bruttoinlandsprodukts aus, wurden aber vor allem in den Kauf von privaten Häusern investiert. Andere Portugiesen verließen ihre Heimat aus politischen Gründen. Damals herrschte in Portugal eine Militärdiktatur. Der Militärdienst wurde in den 1960er Jahren auf vier Jahre ausgedehnt, und viele junge Leute mussten in den portugiesischen Kolonien kämpfen. Alles in allem wanderten bis zum Anwerbestopp von 1973 rund 1,4 Millionen aus, um in anderen Ländern zu arbeiten. Vor allem die wirtschaftlichen Verhältnisse, eine rückständige Landwirtschaft und eine fehlende Industrie waren für viele Portugiesen Gründe dafür, die Heimat zu verlassen. Die wachsende Zahl von illegalen Auswanderern in den 1960er Jahren veranlasste die portugiesische Regierung dazu Anwerbeabkommen mit mehreren europäischen Staaten abzuschließen. Zwischen 1964 bis 1973 kamen 169 000 Portugiesen in die Bundesrepublik, bis 1963 kehrten 53 000 wieder in ihre Heimat zurück. Mit 122 000 erreichte die Zahl der Portugiesen ihren Höchststand im Jahre 1974. Danach gingen sie kontinuierlich auf 77 000 im Jahre 1985 zurück. Nach dem Beitritt Portugals zur Europäischen Gemeinschaft, vor allem als 1992 den Arbeitnehmern die volle Freizügigkeit auf dem europäischen Arbeitsmarkt gewährt wurde, stieg die Zahl der Portugiesen wieder an. Portugiesische Leiharbeiterfirmen halfen beim «Aufbau Ost» mit. Schätzungsweise bis zu 22 000 Portugiesen arbeiteten auf den Baustellen in den neuen Bundesländern. Mit der Wirtschaftskrise ab 2008 stieg die Zahl der Portugiesen, die in Deutschland Arbeit suchen, erneut an. Auch Portugal ist allerdings inzwischen vom klassischen Aus- zum Einwanderungsland geworden. Nach dem Zusammenbruch der Kolonien kehrten rund eine halbe Million Portugiesen aus Afrika zurück. Schwarzafrikanische Flüchtlinge aus den ehemaligen portugiesischen Kolonien kamen hinzu.

39. Was ist aus den Migranten aus dem ehemaligen Jugoslawien geworden? Das Anwerbeabkommen mit der damaligen «Sozialistisch Föderativen Republik Jugoslawien» kam erst 1968 zustande, unter anderem deshalb, weil die jugoslawische Seite den Grundsatz aufgeben musste, dass Bürger eines sozialistischen Landes nicht in einem kapitalistischen Land arbeiten durften. Der jugoslawische Arbeitsmarkt geriet gerade deshalb in das Blickfeld deutscher Arbeitgeber, weil wegen des geregelten Berufsausbildungssystems mit Facharbeitern gerechnet wurde. Das Bundesarbeitsblatt stellte 1969 fest: «Der deutschen Wirtschaft fehlten in besonders starkem Maße Fachkräfte und weibliche Arbeitnehmer; diese konnten in Jugoslawien in beachtlichem Umfang gewonnen werden. Viele Jugoslawen, vor allem die Bewohner der nördlichen Landesteile, haben, historisch bedingt, Kenntnisse der deutschen Sprache. Dadurch wird ihre betriebliche und allgemeine Eingewöhnung erheblich erleichtert, so dass die Betriebe gern auf jugoslawische Arbeiter zurückgreifen.» Die Zahl der jugoslawischen Arbeitskräfte stieg nach dem Anwerbeabkommen sprunghaft an. Unter den Beschäftigten stellten sie 1970/71 sogar die stärkste Ausländergruppe.

Mit einem Sonderzug jugoslawischer Arbeitnehmer traf am 5. August 1970 der 500 000. Gastarbeiter in Baden-Württemberg ein. Dem 31-jährigen Zvonimir Kanjir aus Kroatien wurde in Stuttgart ein wahrhaft «großer Bahnhof» bereitet. Als Geschenk bekam er ein Kofferradio überreicht. Mit Sekt und Blumen begrüßten der Präsident der Bundesanstalt für Arbeit, Josef Stingl, und Arbeitsminister Dr. Fritz Pirkl im Jahre 1972 die 19-jährige Vera Rimski als – wie es damals hieß – «zweimillionsten Gastarbeiter», der von der Bundesanstalt für Arbeit angeworben wurde. Stingl schenkte ihr ein tragbares Fernsehgerät. Die Jugoslawen in der Bundesrepublik galten meist als unauffällig, bescheiden und gut integriert. Befragungen widersprechen diesem Klischee und machen deutlich, dass die Arbeitskräfte und ihre Familien aus dem früheren Jugoslawien mit ähnlichen Problemen wie Arbeitslosigkeit oder Ausländerfeindlichkeit konfrontiert waren. Rückkehrpolitik und Diskussionen um «Belastungsgrenzen» beherrschten die Schlagzeilen in den 1970er Jahren. So warnte beispielsweise 1974 der Wehrexperte der CSU, der Bundestagsabgeordnete Franz Handlos, davor, dass die jugoslawischen Arbeitnehmer in der Bundesrepublik bei einer ernsthaften Krise in ihrer Heimat zu einem Sicherheitsrisiko für die Verteidigung der Bundesrepublik werden könnten. Obwohl Jugoslawien in blutigen Kriegen zerfiel, ist dieses Schreckgespenst jedoch nicht Wirklichkeit geworden, auch wenn sich der Nationalitätenstreit hierzulande auswirkte mit Spannungen zwischen Serben und Kroaten.

Besonders die Kroatischen Katholischen Missionen spielten im Laufe der Jahre eine wichtige Rolle. Gottesdienste in kroatischer Sprache gehören im Alltagsleben zur Selbstverständlichkeit. Regen Zulauf hatten aber auch die zahlreichen jugoslawischen Clubs, die oft eng mit den Konsulaten zusammenarbeiteten und mit den Kirchen konkurrierten, was die Einflussnahme auf die Migranten anging. Ein wichtiges Auswanderungsmotiv vor allem bei den Kroaten war die Unzufriedenheit mit der politischen Situation im eigenen

Lande. Das alte Jugoslawien zerfiel seit 1991 in die heute souveränen Staaten Slowenien, Kroatien, Bosnien-Herzegowina, Mazedonien und Montenegro sowie Serbien. Die Bevölkerung aus Ex-Jugoslawien in Deutschland ist durch ethnische Vielfalt gekennzeichnet. In der Folge des Krieges zwischen Kroatien und Serbien suchten viele Flüchtlinge Schutz in Deutschland. Allein in Stuttgart lebten zeitweise mehr Bürgerkriegsflüchtlinge vor allem aus Kroatien und Bosnien als in ganz Großbritannien. Die meisten wurden nach dem Ende der Kriegshandlungen wieder zurück geschickt, manche konnten in Deutschland bleiben oder wanderten in die USA oder Kanada weiter. Heute leben schätzungsweise rund 900 000 Menschen mit einem Pass aus einem der Nachfolgestaaten des früheren Jugoslawien in Deutschland. Wahrscheinlich noch einmal so viele haben sich einbürgern lassen, so dass man fast von zwei Millionen «jugoslawischen Einwanderern» in Deutschland sprechen kann. Die Einbürgerungstendenz hält vor allem bei Kroaten an. 2014 sind die Fälle aus Kroatien um 2180 angestiegen, was einer Steigerung von fast 127 Prozent entspricht. Kroatien ist seit dem 1. Juli 2013 Mitglied in der EU. Die Bundesregierung hat entschieden, dass kroatische Arbeitnehmerinnen und Arbeitnehmer ab dem 1. Juli 2015 bereits ohne Einschränkung in Deutschland arbeiten dürfen. Außerdem dürfen kroatische Firmen jetzt ihre Arbeitnehmer nach Deutschland entsenden. Nach EU-Recht wäre eine weitere Übergangsregelung für kroatische Arbeitskräfte möglich gewesen. Nach Einschätzung der Bundesregierung sind die Kroatinnen und Kroaten in Deutschland «gut integriert und arbeiten vor allem dort, wo immer mehr Arbeitskräfte fehlen: im Verarbeitenden- und im Baugewerbe, im Gesundheits- und Sozialwesen».

40. Welche Rolle spielt die polnische Minderheit in Deutschland? Polen sind nach den Türken die zweitgrößte Migrantengruppe in Deutschland. Mit rund 1,5 Millionen stellen sie rund 10 Prozent aller Menschen mit Migrationshintergrund. Bei der Zuwanderungsstatistik liegt Polen wiederholt auf Platz eins. Mit 191 000 war Polen 2014 wieder das Hauptherkunftsland in der Statistik. Viele Polen bleiben jedoch nicht auf Dauer, sondern halten sich als Werkvertrags- oder Saisonarbeitnehmer nur vorübergehend in Deutschland auf. Über die Hälfte – rund 786 000 Polen – sind als (Spät-)Aussiedler zugewandert, denn Polen war lange Zeit das wichtigste Herkunftsland dieser Zuwanderungsgruppe aus Osteuropa. Die Polen erhielten 2011 die vollen Freizügigkeitsrechte als Unionsbürger. Befürchtungen vor einem «Ansturm» aus Polen haben sich inzwischen gelegt. Als Haushaltshilfen und private Altenpflegerinnen sind Polinnen in Deutschland besonders gefragt. Polnische Einwanderer haben innerhalb der fünf größten Zuwanderergruppen am meisten Kontakt zu Einheimischen, sind am besten gebildet und verfügen über das höchste Erwerbseinkommen.

Polen spielen in der Integrationsdiskussion eigentlich keine Rolle. Sie gelten als gut integriert und unauffällig. Die im Ausland lebenden polnischen Migranten, die «Polonia», wie sie genannt werden, sind in unterschiedlichen Dachverbänden und Vereinen organisiert. Die meisten Menschen mit polnischem Migrationshintergrund leben in Nordrhein-Westfalen, gefolgt von Baden-Württemberg und Bayern. Die polnische Einwanderung hat eine Tradition, die bis in die zweite Hälfte des 19. Jahrhunderts zurückreicht. Polnische Arbeiter – «Ruhrpolen» – waren vor allem im Kohlebergbau beschäftigt. Vor dem Ersten Weltkrieg stellten Polen rund ein Drittel aller Bergarbeiter im Ruhrgebiet. In dieser Zeit lebten dort bis zu 400 000 Polen. Die polnische Minderheit im Deutschen Reich wird auf bis zu zwei Millionen geschätzt. Noch heute erinnern viele Familiennamen an diese Zeit.

41. Wie steht es um die jüdische Gemeinde? Die jüdische Gemeinde in Deutschland umfasst rund 100 000 Personen, vor allem durch die Zuwanderung aus der russischen Föderation und der Ukraine. Juden und ihre Angehörigen aus dem Gebiet der ehemaligen Sowjetunion wurden seit 1991 als Kontingentflüchtlinge in Deutschland aufgenommen. Kontingentflüchtlinge sind Flüchtlinge, die in Deutschland im Rahmen humanitärer Hilfsaktionen aufgenommen und nach einem festgelegten Schlüssel – Kontingenten – auf die Bundesländer verteilt werden.

Begonnen hatte die Aufnahme jüdischer Zuwanderer bereits 1990. Damals sicherte die letzte demokratisch gewählte Regierung der DDR Juden aus der Sowjetunion, die mit Touristenvisa einreisten, ein ständiges Aufenthaltsrecht zu. Das Aufnahmeverfahren galt bis zum Inkrafttreten des Zuwanderungsgesetzes 2005. Alle Personen waren zuwanderungsberechtigt, die selbst jüdisch waren oder von mindestens einem jüdischen Elternteil abstammten, sowie deren

Ehepartner und Kinder. Als Nachweis der jüdischen Abstammung musste der sowjetische Pass vorgelegt werden, in dem die Nationalität eingetragen war. Die jüdischen Kontingentflüchtlinge erhielten Integrationsmaßnahmen, wie Sprachkurse oder Unterstützung im Beruf. Deutschland wurde nach Israel und den USA zum drittwichtigsten Einwanderungsland aus der ehemaligen Sowjetunion, wo 1989 rund drei Millionen Juden lebten. Über die Hälfte von ihnen wanderte wegen der schlechten wirtschaftlichen Lage und des zunehmenden Antisemitismus aus. Diese Kontingentflüchtlinge zeichnen sich vor allem durch ihren hohen Bildungsgrad und das hohe Einreisealter aus. Rund 70 Prozent der Eingewanderten sind Akademiker. Beides erwies sich oftmals als Integrationshemmnis und führte zur Arbeitslosigkeit. Schwierig gestaltet sich auch häufig die Integration in die jüdischen Gemeinden mit Problemen zwischen alt-eingesessenen und neuen Zuwanderern, was beispielsweise Sprachprobleme und Kenntnisse der jüdischen Religion betrifft. Die zweite Generation der jüdischen Einwanderer zeichnet sich jedoch durch hohe Bildungserfolge aus. So erreichen die Kinder und Enkel, die in Deutschland zur Schule gehen, zumeist das Abitur.

Noch 1990 hatte die jüdische Gemeinde in Deutschland rund 30 000 Mitglieder. 2003 waren es bereits 105 000. Die Innenminister der Länder begrenzten im Rahmen des Zuwanderungsgesetzes den Zuzug jüdischer Kontingentflüchtlinge. Seit 2005 müssen die jüdischen Zuwanderer unter anderem neben ihrer Abstammung auch Grundkenntnisse der deutschen Sprache nachweisen. Seit dieser Verschärfung der Aufnahmebedingungen kommen kaum noch jüdische Kontingentflüchtlinge nach Deutschland. Im Jahr 2012 waren es nur noch 458 Juden, die aus der Sowjetunion nach Deutschland einreisten.

Die jüdische Gemeinde klagt vor allem in den letzten Jahren verstärkt über Antisemitismus in Deutschland. «Nicht erst seit den brutalen Terroranschlägen von Paris und Kopenhagen stellt der Antisemitismus von radikalen islamistischen Gruppen eine Bedrohung dar, sowohl für die jüdische Gemeinschaft wie für die gesamte Gesellschaft und unsere demokratischen Werte», so Dr. Josef Schuster, Präsident des Zentralrats der Juden in Deutschland. Leider gebe es einzelne Bezirke in deutschen Städten, in denen das Tragen einer Kippa, der traditionellen jüdischen Kopfbedeckung, oder einer Halskette mit Davidstern als Provokation empfunden werde und Grund für Angriffe sein könne. Der Vorsitzende des Zentralrats der Muslime in Deutschland, Aiman Mazyek, äußerte Verständnis für die Sorgen von Juden im Land. Er warnte aber auch gleichzeitig davor, soziale Spannungen in deutschen Großstädten zu «islamisieren». Mazyek weiter: «Richtig verstandener Islam sieht Antisemitismus und alle weiteren Formen des Rassismus als eine schwere Sünde an.» Prof. Dr. Andreas Zick, Leiter des Instituts für interdisziplinäre Konflikt- und Gewaltforschung an der Universität Bielefeld, machte in diesem Zusammenhang deutlich, dass es keine gravierenden Unterschiede zwischen den antisemitischen Vorurteilen von Menschen mit und ohne Migrationshintergrund gebe.

42. Was sind «Zigeuner» bzw. Sinti und Roma? «Wenn Sie Roma noch als ‹Zigeuner› bezeichnen, sollten Sie damit aufhören. Bei diesem Begriff denkt man an Bettler, Wahrsager und Diebe. Er bringt aber die reiche ethnische und kulturelle Identität der Roma nicht zum Ausdruck, die sich seit dem zweiten Jahrhundert ausgehend von der indischen Region Punjab verbreitet hat.» Mit dieser Mahnung erinnerte das US-Außenministerium am Internationalen Tag der Roma am 8. April 2015 an die zwölf Millionen Roma auf der Welt. Der Zentralrat Deutscher Sinti und Roma sieht «Zigeuner» wegen der ideologischen Belastung im deutschen Sprachgebrauch als Schimpfwort, während es die Sinti Allianz Deutschland als neutrale Bezeichnung für alle ziganischen Volksgruppen sieht und auch als Selbstbezeichnung verwendet. Das Wort «Zigeuner» ist eine Fremdbezeichnung, die wahrscheinlich dem Ungarischen («cigány») entlehnt ist und in ähnlicher Form in den meisten europäischen Sprachen vorkommt. Ein weiterer Name, der in einigen Sprachen auftritt, wird von der Bezeichnung für «Ägypter» hergeleitet (z. B. engl. «gipsy»). Roma, Sinti und Jenische sind die hauptsächlichen Bevölkerungsgruppen, die im deutschen Sprachraum als «Zigeuner» bezeichnet wurden und teilweise auch noch werden. Heutzutage hat sich der Begriff «Roma» für verschiedene ethnische Gruppen durchgesetzt und schließt auch die Sinti mit ein, die sich aber als eigenständige Gruppe verstehen. Auf dem ersten Weltkongress der Roma-Nationalbewegung 1971 in London einigte man sich auf das Wort «Roma».

Um die Wende vom 14. zum 15. Jahrhundert sind sie über Nordafrika und den Balkan nach Europa eingewandert. Zeitgenossen deuteten sie als Pilger, die zur Erinnerung an die Flucht der Heiligen

Familie nach Ägypten oder – so eine andere Begründung – zur Buße für eine zeitweise Abkehr vom Christentum umherziehen mussten. Für die Umherziehenden war diese Deutung von Vorteil, denn die christliche Bevölkerung war damit verpflichtet, die «Pilger» mit Nahrung und Obdach zu versehen. Auf dem nach Worms einberufenen Reichstag von 1495, der einen «Ewigen Landfrieden» proklamierte, wurden sie zusammen mit Spielleuten und Bettlern als Personengruppe zusammengefasst, die es wegen ihrer Kleidung und «anderer unziemlicher Kostlichkeit» zurechtzuweisen gelte. Spätere Reichstage klagten sie als Zauberer, Hexen, Gauner und Pestbringer an. Sie wurden für vogelfrei erklärt und erhielten Durchzugsverbot. Zwischen dem 15. und dem 18. Jahrhundert erfolgte so der Wandel des Zigeunerbildes vom «fremden Pilger» zum «zusammengelaufenen Gesindel». Die Machtansprüche der modernen Territorialfürsten, denen sich die Umherziehenden zu entziehen schienen, aber auch die Erziehungsmaßnahmen der Kirchen, die ihnen «Müßiggang» vorwarfen und ihre Verfolgung religiös überhöhten und legitimierten, verstärkten diese Stereotype.

Während des NS-Unrechtsregimes und seines Rassenwahns wurden «Zigeuner» als «rassisch minderwertig» verfolgt und ermordet, schätzungsweise eine halbe Million Sinti und Roma kam dabei ums Leben. Das Romanes-Wort «Porajmos» («das Verschlingen») steht für den NS-Völkermord an den ziganischen Volksgruppen.

Nach 1945 setzte sich rassistisches Denken in staatlichen Einrichtungen wie Polizei, Justiz und Gesundheitswesen fort. Eine «Wiedergutmachung» für die Verfolgung von Sinti und Roma durch die Nationalsozialisten wurde immer wieder verhindert. Der Bundesgerichtshof (BGH) wies 1956 die Ansprüche einer Überlebenden ab, indem ihre Deportation als «Umsiedlung» gewertet wurde, die keine nationalsozialistische Gewaltmaßnahmen im Sinne des Bundesentschädigungsgesetzes darstelle. In der Urteilsbegründung heißt es: «Die Zigeuner neigen, wie die Erfahrung zeigt, zu Kriminalität, besonders zu Diebstählen und Betrügereien. Es fehlen ihnen vielfach die sittlichen Antriebe zur Achtung vor fremdem Eigentum, weil ihnen wie primitiven Urmenschen ein ungehemmter Okkupationstrieb eigen ist.» Die von den Nazis betriebene Ausgrenzungs- und Umsiedlungspolitik der «Zigeuner» sei nicht «rassisch» motiviert gewesen, sondern eine damals «übliche polizeiliche Präventivmaßnahme» zur «Bekämpfung der Zigeunerplage». Bei einem Besuch des Dokumentationszentrums der Sinti und Roma in Heidelberg im März 2015 sagte die BGH-Präsidentin Bettina Limpberg, man könne sich für diese Rechtsprechung nur schämen.

Viele Sinti und Roma wurden in den 1950er und 1960er Jahren ausgebürgert oder ihnen die deutsche Staatsbürgerschaft, die ihnen von den Nazis entzogen worden war, nicht zurückgegeben. In Bayern schränkten die Kriminalpolizei und vor allem die sogenannten Landfahrerordnung wesentliche Grundrechte der Sinti und Roma ein. Aus einer Bürgerrechtsbewegung dieser Gruppe heraus gründete sich 1982 der Zentralrat Deutscher Sinti und Roma mit Sitz in Heidelberg. Im gleichen Jahr erkannte Bundeskanzler Helmut Schmidt den NS-Völkermord an den Sinti und Roma in Deutschland zum ersten Mal offiziell an.

Genaue Zahlen über die in Europa und in Deutschland lebenden Roma und Sinti gibt es nicht. Die Bundesregierung spricht von 60 000 deutschen Sinti und 10 000 deutschen Roma. In Europa wird die Zahl der Roma auf acht bis zwölf Millionen geschätzt. Je nachdem, wie die Schätzung ausfällt, wäre sie damit die größte ethnische Minderheit in Europa. In Baden-Württemberg und Schleswig-Holstein werden Sinti und Roma als nationale Minderheiten anerkannt, die bei der Bewahrung ihrer Kultur, Sprache und Kultur unterstützt werden sollen.

Der Zentralrat Deutscher Sinti und Roma fordert in diesem Zusammenhang unter anderem, Vertreter von Sinti und Roma in die Rundfunk- und Fernsehräte der öffentlich-rechtlichen Rundfunkanstalten aufzunehmen. Das ist bisher nur im Südwestrundfunk (SWR) der Fall. In allen Ländern Europas gelten die Sinti und Roma nach Meinungsumfragen als die unbeliebteste Minderheit. Antiziganismus – Vorurteile, negative Stereotype gegenüber Sinti und Roma – sind immer noch weit verbreitet. Mit der Osterweiterung der Europäischen Union wurden rund fünf Millionen Roma neue EU-Bürger. Roma aus Rumänien oder Bulgarien wanderten in der Folge auch nach Deutschland ein, von denen eine Minderheit in Großstädten zu Problemfällen wurde. Die Europäische Kommission veröffentlichte 2011 eine Erklärung unter dem Motto «EU-Rahmen für nationale Strategien zur Integration der Roma bis 2020». Zwischenberichte offenbaren eine unzureichende Integration von Roma in Europa. Auch die «Dekade der Roma-Integration» von 2005 bis 2015, an der sich elf Länder in Europa beteiligten, zeigt, dass noch viele Probleme ungelöst sind. Mit der Unterzeichnung der entsprechenden Erklärung hatten sich die Staaten verpflichtet, die Diskriminierung der Roma zügig abzubauen.

43. Was sind (Spät-)Aussiedler? (Spät-)Aussiedler sind Deutschstämmige aus Mittel- und Osteuropa sowie aus den Nachfolgestaaten der ehemaligen Sowjetunion. Nach dem Fall des Eisernen Vorhangs und dem Untergang des kommunistischen Ostblocks erreichte der Zustrom der Aussiedler nach Deutschland im Jahre 1990 einen Höhepunkt von 397 000. Sie bekamen automatisch die deutsche Staatsangehörigkeit und wurden nicht unbedingt als Migrantengruppe wahrgenommen, obwohl das Hauptherkunftsland der Zuwanderung nach Deutschland jahrelang Russland war und sich massive Integrationsprobleme in den Schulen oder bei der Eingliederung in den Arbeitsmarkt zeigten. Insgesamt rund 4,5 Millionen Personen kamen zwischen 1950 und 2013 als Spätaussiedler nach Deutschland, deren Zahl vor allem durch die Nachweispflicht deutscher Sprachkenntnisse drastisch reduziert wurde.

V. Mittelmeerflüchtlinge

44. Was ist FRONTEX? Die Europäische Agentur für die operative Zusammenarbeit an den Außengrenzen der Mitgliedstaaten der Europäischen Union (FRONTEX) dient dem Schutz der Außengrenzen der EU. Sie hat ihren Sitz in Warschau und besteht seit 2004. Von den EU-Mitgliedstaaten mit Personal und Finanzen versorgt, bildet FRONTEX unter anderem Grenzschutzbeamte aus, unterstützt bei Abschiebungen oder koordiniert Soforteinsatz-Teams, um beispielsweise Einsatzkräfte an der griechisch-türkischen Grenze zu unterstützen. Vor allem hilft sie lokalen Grenzbehörden beim Aufspüren von Flüchtlingen im Mittelmeer, an den Ostgrenzen der EU oder an der Atlantikküste. FRONTEX hat einen Etat von rund 114 Millionen Euro im Jahr und verfügt über etwa 300 Mitarbeiter. Mit rund 100 Beamten der Bundespolizei sowie mit technischer Ausrüstung beteiligt sich Deutschland an FRONTEX-Einsätzen. FRONTEX wird kritisiert, weil durch ihren Einsatz Flüchtlinge immer gefährlichere Ausweichrouten wählen, um nach Europa zu gelangen. Außerdem – so der Vorwurf – würden unpopuläre Maßnahmen wie «Abschottung der Grenzen» ausgelagert. Die EU-Staaten würden sich so ihrer Verantwortung entziehen. Die erste große Seenotrettungsoperation im Mittelmeer «Mare Nostrum» startete im Oktober 2013. Dabei rettete die italienische Marine schätzungsweise 150 000 Flüchtlinge. An der Seenotrettung sind auch in erheblichem Umfang Handelsschiffe beteiligt. Das Rettungsprogramm wurde jedoch aus finanziellen Gründen – kritische Beobachter sagen auch zur Abschreckung von Flüchtlingen – eingestellt. Die Internationale Organisation für Migration (IOM) weist in ihrer Analyse zum Migrationsgeschehen im Mittelmeer darauf hin, dass nicht Mare Nostrum im Sinne eines «Pull-Faktors» für die steigenden Flüchtlingszahlen verantwortlich gemacht werden könne. Vielmehr sei die Zahl der Flüchtlinge, die von der libyschen Küste aufgebrochen sind, nach dem Ende der Operation weiter angestiegen. Eine Anzahl von «Push Faktoren», wie die Konflikte im Irak und Syrien oder verschärfte Unterdrückungsmaßnahmen in Eritrea, hätten zur Intensivierung der Migrationsbewegungen geführt. Im November 2014 löste «Triton», die FRONTEX unterliegt und in erster Linie für den Grenzschutz zuständig ist und nicht für die Rettung auf hoher See, diese Seenotrettungsoperation ab.

45. Warum versuchen so viele Menschen, über das Mittelmeer Europa zu erreichen?

Um auf legalem Weg nach Europa einzureisen, brauchen Flüchtlinge ein Visum. In Krisengebieten bestehen dafür kaum Chancen. Die Botschaften und Konsulate sind oft geschlossen. Außerdem ist das Visum an strenge Bedingungen geknüpft, beispielsweise an den Nachweis von ausreichenden finanziellen Mitteln. Die Agentur der Europäischen Union für Menschenrechte hat die Zahl der Schengen-Visa verglichen, die in Syrien vor und nach Beginn des Krieges ausgestellt wurden. Im Jahre 2010 waren es noch 35 000 Schengen-Visa, 2013 dagegen fast gar keine. So bleibt den Flüchtlingen keine andere Wahl, als sich ohne Papiere und unter Lebensgefahr auf den Weg zu machen. Es gibt praktisch keine legalen Zufluchtswege oder Möglichkeiten, als Arbeitsmigrant nach Europa zu kommen. Man spricht schon länger von einer «Festung Europa», wobei der Ausdruck schon deshalb problematisch ist, weil er von den Nazis im Zweiten Weltkrieg geprägt wurde, um das von ihnen besetzte Europa zu bezeichnen.

46. Auf welchen Routen kommen Flüchtlinge nach Europa?

FRONTEX hat die Hauptwege, durch die Migranten ohne Visum nach Europa kommen in sieben Routen eingeteilt:

Die westafrikanische, die im Atlantischen Ozean zu den Kanarischen Inseln führt

Die westliche Mittelmeerroute (Spanien)

Die zentrale Mittelmeerroute (Italien und Malta)

Die Apulien- und Kalabrienroute (Italien)

Die östliche Mittelmeerroute (Griechenland)

Die Westbalkanroute (Ungarn)

Die östliche Route (Polen)

Die zentrale Mittelmeerroute ist bei Weitem der wichtigste Weg für Menschen, die keine legale Einreisemöglichkeit haben, um in die Europäische Union zu kommen. Von den 276 000 Migranten, die 2014 illegal nach Europa einreisten, kamen 80 Prozent auf dem Seeweg. Die meisten – rund 170 000 – wurden auf der zentralen Mittelmeerroute aus Seenot gerettet. Etwa 80 Prozent aller Flüchtlinge, die über das Mittelmeer nach Italien gelangten, starteten ihre gefährliche Reise in Libyen, oft in überfüllten und untauglichen Booten. Die zentrale Mittelmeerroute über Libyen wurde vor allem deshalb genutzt, weil das Land nach dem militärischen Eingreifen des Westens praktisch zerfallen und die Küste offen ist. Dort besteht eine Art Zwei-Klassen-Gesellschaft von Flüchtlingen. Syrer kommen teilweise noch per Flugzeug zunächst nach Ägypten und von dort aus über einen relativ kurzen Landweg nach Libyen. Schwarzafrikaner dagegen haben eine lange Reise hinter sich. Oftmals haben ganze Dorfgemeinschaften zusammengelegt, um die Auswanderung und die Schlepperbanden zu bezahlen. Eine Überfahrt von Marokko kostet nach einer Untersuchung der Internationalen Organisation für Migration 1300 Euro, von Libyen nach Italien nur 500 Euro. Syrer, die der Mittelschicht angehören, zahlen bis zu 2000 Euro für einen Platz in einem Boot nach Europa. In Libyen – einem Hauptstützpunkt der Schleuser – hat sich die Zahl der Binnenvertriebenen von September 2014 bis Juni 2015 fast verdoppelt – auf 434 000 Personen.

Die Lage der Flüchtlinge insgesamt, darunter viele Arbeitsmigranten aus Afrika, für die Libyen lange Zeit ein attraktives Aufnahmeland war, ist äußerst prekär. Sie sind Willkür ausgeliefert, werden eingesperrt und ausgebeutet. Wie sehr das Migrationsgeschehen und die Routen in ständiger Bewegung sind, zeigt die Entwicklung, wonach in der ersten Hälfte des Jahres 2015 die östliche Mittelmeerroute von der Türkei nach Griechenland die Mittelmeerroute (Nordafrika nach Italien) als Hauptfluchtweg über das Meer abgelöst hat. Die Migrationspfade können sich z. B. nach der Jahreszeit und den Witterungsverhältnissen im Mittelmeer oder durch die Entdeckung scheinbar leichterer, nicht so gefährlicher Routen über Land ändern. So überquerten im Juni 2015 täglich 1000 Flüchtlinge die Grenze von Griechenland nach Mazedonien, einige Wochen zuvor waren es noch 200 am Tag. Von dieser Route wurden zunehmend gewaltsame Zwischenfälle und Misshandlungen durch Schmuggler und kriminelle Netzwerke berichtet, was wieder zu anderen Ausweichwegen führen kann. Im Laufe des Jahres 2015 ereigneten sich dramatische Szenen auf der Balkanroute über Ungarn nach Österreich und Deutschland. Ungarn versuchte die Flüchtlinge mit Tränengas und mit dem Einsatz von Schlagstöcken zu stoppen. Währenddessen ging das Drama im Mittelmeer weiter, auch wenn sich die Kameras jetzt auf den Balkan richteten. Von Januar bis Mitte Oktober 2015 flüchteten über 600 000 Menschen über das Mittelmeer. 3117 kamen dabei ums Leben.

47. Woher kommen die Mittelmeerflüchtlinge – erhalten sie Schutz in Europa? Im Jahr 2014 wurden rund 220 000 Flüchtlinge an den Seeaußengrenzen von Europa registriert. Fast die Hälfte von ihnen floh aus Syrien (67 000 Menschen) und Eritrea (34 000). Die drittgrößte Gruppe bestand mit 12 Prozent aus Flüchtlingen afrikanischer Länder südlich der Sahara. 6 Prozent (13 000) der Mittelmeerflüchtlinge stammten im Jahr 2014 aus Afghanistan. Die meisten Menschen, denen die Flucht über das Mittelmeer nach Europa gelingt, haben gute Chancen hier Schutz zu erlangen. Für die größten Migrantengruppen gilt: 94 Prozent aller Syrer und 88 Prozent aller Eritreer haben erfolgreich einen Asylantrag in der EU gestellt. Die Schutzquote bei den Irakern lag bei 66 Prozent, bei den Somaliern und Afghanen bei 57 bzw. 52 Prozent. Unter den Bootsflüchtlingen sind aber auch viele Menschen, vor allem Schwarzafrikaner, die auf der vermeintlichen Wohlstandsinsel Europa bessere Lebenschancen, vor allem Arbeit, suchen.

In den Schiffen sitzen heutzutage Arbeitsmigranten und Flüchtlinge. Es handelt sich um eine «gemischte Migration», wie die Fachleute sagen. Fluchtursachen gibt es gerade in den Sub-Sahara-Ländern genug, auch wenn sie bei uns oft übersehen werden. In diesen Staaten leben mehr als 853 Millionen Menschen. Zahlreiche Konflikte z.B. in der Zentralafrikanischen Republik, dem Südsudan, in Somalia, Nigeria oder der Demokratischen Republik Kongo haben immense Fluchtbewegungen ausgelöst, die sich nicht unwesentlich von denen im Nahen Osten unterscheiden. Alles in allem verzeichnet UNHCR in den Ländern südlich der Sahara – das sind 49 der 54 afrikanischen Staaten – 3,7 Millionen Flüchtlinge und 11,4 Millionen Binnenvertriebene. Seit dem Ausbruch der Unruhen sind bereits über zwei Millionen Südsudanesen in Nachbarländer geflohen oder in ihrem Heimatland auf der Flucht. 90 Prozent der Neuankömmlinge in den Nachbarländern wie Uganda oder Kenia, die selbst größte Probleme haben, sind Frauen und Kinder. Trotzdem haben diese armen Entwicklungsländer ihre Grenzen für die Flüchtlinge offen gehalten.

48. In welche Länder wollen die Mittelmeerflüchtlinge? Nach dem Abschlussbericht der EU-Grenzschutzoperation «Mos Maiorum» haben mehr als die Hälfte der Flüchtlinge, die irregulär nach Europa kommen, keine genaue Vorstellungen darüber, in welches

Land sie wollen. Von denjenigen, die wussten, wo sie hinwollten, nannte rund ein Drittel Deutschland als Zielland. Für die meisten Flüchtlinge, die es bis an die Grenzen der EU schaffen, geht es offensichtlich in erster Linie darum, lebensbedrohlichen Situationen zu entkommen. Die Entscheidung, in welches Land sie reisen, treffen sie meistens erst nach der Ankunft in Europa.

Nicht alle Migranten wollen nach Europa, so eine Studie der Internationalen Organisation für Migration (IOM). Vorher haben viele einen langen Weg hinter sich gebracht, oft über den genauso gefährlichen Treck durch die Sahara. Sie suchen zunächst Schutz in der eigenen Region. Wenn es dort auch nicht mehr sicher ist, wandern sie weiter, oftmals Jahre später, kommen dann vielleicht in den Ländern am Nordufer des Mittelmeers an, um sich Schleppern auszuliefern, mit der Aussicht, vielleicht nach Europa zu gelangen. Besonders problematisch ist die Lage der Frauen. Nach dem IOM-Bericht verlangen Schlepper von ihnen meist weniger Geld, dafür aber oft sexuelle Gefälligkeiten. Frauen in Niger, Algerien oder Marokko würden zur Prostitution gezwungen. Über die Hälfte der Frauen, die Marokko erreiche, seien alleinerziehende Mütter. Laut der Studie wurden die meisten Frauen unterwegs schwanger, wahrscheinlich im Zusammenhang mit einem Missbrauch.

49. Versagt Europa in der Flüchtlingspolitik? Als im Oktober 2013 vor der süditalienischen Insel Lampedusa 368 Flüchtlinge ums Leben kamen, versprachen EU-Parlamentspräsident Martin Schulz und andere Vertreter der EU ein Umdenken in der Flüchtlingspolitik. Bei der Gedenkveranstaltung ein Jahr später wurde dieses Versprechen bekräftigt. Papst Franziskus redete den Politikern im Europaparlament im November 2014 ins Gewissen, indem er sagte: «Man darf nicht hinnehmen, dass das Mittelmeer zu einem Massenfriedhof wird!» Leider blieb auch dieser Appell ohne Wirkung. Im Gegenteil: Die italienische Seenotrettungsmission «Mare Nostrum» wurde eingestellt und durch die FRONTEX-Operation «Triton» ersetzt, die aber im Wesentlichen dem Grenzschutz in den italienischen Gewässern dient. Allein im April 2015 ertranken 1308 Menschen bei dem Versuch, nach Europa zu gelangen. Im Jahr 2014 sind 218 000 Menschen über das Mittelmeer nach Europa geflohen – 3500 starben dabei. Die Kirchen und Wohlfahrtsverbände forderten angesichts der Flüchtlingstragödie Konsequenzen in der europäischen Flüchtlingspolitik und sprachen sich gegen «noch mehr Betroffenheitslyrik» aus. Auf einem Sondergipfel beschlossen die Staats- und Regierungschefs am 23. April 2015 mehr Geld und Schiffe zur Seenotrettung bereit zu stellen. Dadurch stehen den FRONTEX-Operationen «Triton» und «Poseidon» monatlich rund neun Millionen Euro zur Verfügung, was dem Budget der italienischen Vorgängermission «Mare Nostrum» entspricht. Die Ergebnisse des EU-Gipfels wurden von Kritikern als unzureichend bezeichnet. Auch die Flüchtlings- und Migrationsstrategie, die die EU-Kommission am 13. Mai 2015 beschlossen hat, kann nicht überzeugen. Zwar gestand die Kommission u. a. selbstkritisch ein, dass das Dublin-System, wonach der Staat, in dem ein Flüchtling ankommt, für die Aufnahme zuständig ist, nicht richtig funktioniert. Sie will deshalb das Verfahren im Jahre 2016 überprüfen und gegebenenfalls verändern. Dabei griff sie Vorschläge auf, Flüchtlinge nach einem Quotensystem gerechter auf die einzelnen Mitgliedsländer zu verteilen, wobei sie gleichzeitig einräumte, dass Länder wie Großbritannien, Ungarn, Tschechien, die Slowakei oder die baltischen Staaten ein solches Vorhaben bereits ablehnen bzw. solchen Plänen skeptisch gegenüberstehen.

Die EU-Kommission erkannte in ihrem Papier an, dass es sichere und legale Wege für Flüchtlinge in die EU geben muss. Sie empfahl deshalb den Mitgliedstaaten, 20 000 Flüchtlinge aufzunehmen. Dies sollte auf freiwilliger Basis geschehen, wobei die Kommission 2015/16 einen Sonderposten von 50 Millionen Euro versprach, um dieses Programm zu unterstützen. Sie dachte auch darüber nach, ihre Politik im Bereich Arbeitsmarktmigration zu überarbeiten, weil Fachkräfte in Europa fehlen. Dazu sollte die Blue-Card-Regelung überprüft und verbessert werden. Insgesamt war das Strategiepapier aber von Sicherheits- und Abwehrgedanken geprägt. So sollten im Rahmen der gemeinsamen «Sicherheits- und Verteidigungspolitik» im Mittelmeer Schleuserboote aufgebracht und zerstört werden, wozu allerdings ein UN-Mandat und die Zustimmung Libyens fehlten. Die EU-Außenminister beschlossen im Juni 2015 in einer ersten Phase durch militärische Aufklärung genauere Informationen über die Netzwerke der Schleuser und die Flüchtlingsrouten zu erlangen. Man könnte dies als Aktionismus bezeichnen, weil die Internationale Organisation für Migration (IOM) zeitgleich einen detaillierten Bericht über das Migrationsgeschehen im Mittelmeerraum vorlegte. Am 7. Oktober 2015 begann eine EU-Operation unter Beteiligung der Bundeswehr in einer zweiten Phase damit, Schlepperboote zu suchen, aufzubringen und zu beschlagnahmen. Wenn auch positive Ansätze zu erkennen sind, von einem grundsätzlichen Umdenken in der Flüchtlingspolitik kann bei der Kommission nicht die Rede sein. In diesem Zusammenhang kritisierte Bundesentwicklungsminister Gerd Müller (CSU), dass einige EU-Länder in der Flüchtlingspolitik ihre Solidarität verweigerten und Lösungen blockierten. Es sei nicht nachvollziehbar, dass EU-Kommissionspräsident Jean-Claude Juncker ein Programm mit 315 Milliarden Euro für die Wirtschaft auflege, die EU aber nicht in der Lage sei, 10 Milliarden Euro für Flüchtlingshilfe einzusetzen. Juncker selbst warf den EU-Staats- und Regierungschefs unterdessen Untätigkeit vor: «Es reicht nicht, abends vor den Fernsehschirmen zu weinen, wenn Menschen im Mittelmeer ertrinken, und am nächsten Morgen im Rat eine Gedenkminute abzuhalten.» Nach einer heftigen nächtlichen Debatte einigten sich die Staats- und Regierungschefs am 26. Juni 2015 zunächst, Flüchtlinge nicht nach verbindlichen Quoten, sondern auf freiwilliger Basis zu verteilen. 40 000 Flüchtlinge aus Syrien und Eritrea sollten in den nächsten zwei Jahren aus Griechenland und Italien in andere Mitgliedsstaaten gebracht werden. 20 000 sollten zusätzlich, vor allem aus Syrien und seinen Nachbarländern, im Rahmen sogenannter Neuansiedlungsprogramme (Resettlement) der UN aufgenommen werden. Ein «Tropfen auf den heißen Stein», wenn man bedenkt, dass innerhalb weniger Monate über 100 000 Flüchtlinge in Italien und Griechenland angekommen sind. 20 000 syrische Flüchtlinge ohne feste Zusagen aufnehmen zu wollen – das ist in der Tat beschämend, wenn man bedenkt, dass vier Millionen Menschen aus Syrien geflohen sind, von denen die meisten in Nachbarländern Schutz gefunden haben.

Bei einem Sondertreffen in Brüssel am 20. Juli 2015 scheiterten die Innen- und Justizminister der EU – Frankreich und Deutschland ließen sich durch Staatssekretäre vertreten – jedoch bei der Umsetzung des Beschlusses, 60 000 Flüchtlinge innerhalb der Europäischen Union zu verteilen. Man konnte sich jetzt nur noch darauf einigen, insgesamt Aufnahmeplätze für 54 760 Flüchtlinge zu schaffen. Nach diesen Plänen sollen 32 256 Flüchtlinge aus Italien und Griechenland auf andere europäische Länder verteilt werden. 22 504 Menschen – etwas mehr als die geplanten 20 000 – sollen direkt aus Krisengebieten geholt werden, beispielsweise aus Flüchtlingslagern rund um

Syrien. Deutschland will aus diesen beiden Kontingenten mit 12 100 die meisten Flüchtlinge aufnehmen, Österreich und Ungarn dagegen, wie aus diplomatischen Kreisen verlautete, überhaupt keine. Bulgarien, Spanien und Portugal seien weit unter den vorgesehenen Zahlen geblieben. Großbritannien und Dänemark müssen sich wegen Ausnahmeregelungen ohnehin nicht an dem Programm beteiligen. Der luxemburgische Minister für Immigration und Asyl – sein Land hatte den Ratsvorsitz –, Jean Asselborn, teilte mit, dass sich Griechenland und Italien im Gegenzug verpflichten, systematisch digitale Fingerabdrücke von Flüchtlingen zu erfassen. Für die «Anerkennung» der Arbeit dieser Staaten sei die Einrichtung von Aufnahme- und Erstaufnahmestrukturen (sogenannten Hotspots) vorgesehen. Dabei können FRONTEX und andere Behörden schneller die Erfassung von digitalen Fingerabdrücken der Asylbewerber vornehmen. Wiederum nach langem Hin und Her einigten sich die Justiz- und Innenminister der EU im September 2015 darauf, 160 000 Flüchtlinge nach einem Quoten-Prinzip auf die Mitgliedsstaaten zu verteilen. Ungarn, Tschechien, die Slowakei und Rumänien waren dabei überstimmt worden. Die Einigung kam vor allem deshalb zustande, weil Polen sich jetzt dafür aussprach. Ein bescheidener Anfang, der dazu führte, dass am 9. Oktober 2015 die ersten 19 Flüchtlinge aus Eritrea von Italien nach Schweden ausgeflogen wurden. Bei einem weiteren Sondergipfel im September hatten sich die Staats- und Regierungschefs u. a. darauf geeinigt, mehr Geld für die Flüchtlingshilfe vor Ort bereitzustellen. Beim nächsten Flüchtlingsgipfel am 15./16. Oktober stellte sich jedoch heraus, dass bis zu diesem Zeitpunkt das meiste Geld noch ausstand – es fehlten immer noch 2,3 Milliarden Euro von den Mitgliedstaaten. Auf ein verbindliches Quotensystem zur Verteilung der Flüchtlinge, für das sich Deutschland einsetzte, konnte man sich wieder nicht einigen, das «Trauerspiel» um die Flüchtlingspolitik ging in die nächste Runde. Im Grundsatz Einigkeit erzielte man dagegen bei einem Aktionsplan, um die Zuwanderung der Flüchtlinge aus der Türkei zu verringern. Die Türkei forderte dafür drei Milliarden Euro – dreimal so viel wie die EU angeboten hatte. Die EU stellte der Türkei eine Lockerung der Visumspflicht in Aussicht, falls sie die Flüchtlinge an der Weiterreise nach Europa stoppt. Die Botschaft des Gipfels könnte man als «Grenzen dicht!» bezeichnen. So soll die Grenzschutzagentur FRONTEX künftig Migranten ohne Aussicht auf Asyl selbstständig abschieben dürfen.

Es muss jetzt darum gehen, das Asylverfahren und die Anerkennung von Flüchtlingen in Europa zu vereinheitlichen. Zurzeit könnte man für die betroffenen Flüchtlinge von einer Art von «Asyllotterie» in Europa sprechen. Die Schutzquote – die Gewährung eines legalen Aufenthalts – schwankt von rund 65 Prozent in Italien bis zu unter 10 Prozent in Ungarn. Bei Irakern liegt die Schutzquote im Durchschnitt in der EU bei rund 54 Prozent, in Italien bzw. Österreich aber bei 92 bzw. 75 Prozent, in Dänemark bzw. Griechenland dagegen bei 10 bzw. 2,9 Prozent. Eine gemeinsame europäische Migrations- und Flüchtlingspolitik, die seit Langem versprochen wird, besteht immer noch nicht. So wird Italien vorgeworfen, die Dublin-Bestimmungen zu unterlaufen, indem es Flüchtlinge nicht ordnungsgemäß erfasst und unterbringt, sondern sie in die anderen europäischen Staaten weiterschickt. Zwar wurde auf europäischer Ebene 2013 ein umfassendes Paket von Verordnungen und Richtlinien verabschiedet und dadurch die Grundlage für ein Gemeinsames Europäisches Asylsystem (GEAS) ins Leben gerufen. Bei diesem System geht es um den Grenzschutz, die Seenotrettung, die Erstaufnahme oder die Unterbringung der Flüchtlinge. In der Praxis ist man aber von einer einheitlichen Umsetzung dieser Richtlinien und Standards noch weit entfernt. Ein Trauerspiel europäischer Flüchtlingspolitik sind die sogenannten Push-back-Aktionen, bei denen die griechische und italienische Marine Schiffe abgedrängt oder zurückgeschleppt hat. Inzwischen hat das EU-Parlament 2014 strengere Regeln für den Umgang mit Flüchtlingsbooten verabschiedet. Nach einem Urteil des Europäischen Gerichtshofs (EuGH) ist es jetzt verboten, sie bewusst abzudrängen oder eine Umkehr zu erzwingen. Fischer, die Flüchtlinge aus Seenot retten, müssen nicht mehr mit Strafverfolgung rechnen.

Das Flüchtlingsdrama im Mittelmeer und auf dem Balkan zeigt, dass auch alle Abschreckungsmaßnahmen die Menschen nicht aufhalten. Europa wird auf Dauer mit dem «Weltflüchtlingsproblem» leben müssen, für das es keine kurzfristige Lösung gibt. Das heißt aber nicht, dass man nichts tun kann. Im Gegenteil, verstärkte Anstrengungen in der Außen- und Entwicklungspolitik sowie in der Migrations- und Flüchtlingspolitik, die weit über das Strategiepapier der Kommission hinausgehen, sind dringend notwendig. Allerdings werden solche koordinierten Maßnahmen seit Jahren angekündigt, ohne dass sich viel geändert hat. Die Bekämpfung der Schlepperbanden stellt nicht nur die EU offensichtlich vor die gleichen Probleme wie die Herausforderung durch den internationalen Drogenhandel, dem auch nicht beizukommen ist. Sich auf den Einsatz gegen Schlepper zu konzentrieren würde aber eine Verkürzung des Problems darstellen, wobei auch nicht vergessen werden sollte, dass durch die Abschottung Europas die kriminellen Schlepperbanden erst so richtig Auftrieb erhalten haben.

Die Forderung, die Grenzen für alle Flüchtlinge zu öffnen, ist keine Lösung des Problems. Dadurch würden die Aufnahmekapazitäten selbst der reichen Industrieländer erschöpft. Die Bevölkerung würde eine solche Idee auch nicht mittragen. Mehr Flüchtlinge als jetzt könnte Europa sicher aufnehmen, ohne die Hilfsbereitschaft der Wählerschaft zu überfordern. Fluchtursachen beseitigen – das ist ein wichtiger Ansatzpunkt, um die Flüchtlingszahlen zu verringern. Aber auch das wird seit vielen Jahren versprochen, ohne das Übel an der Wurzel zu packen. Entwicklungszusammenarbeit kann einen wichtigen Beitrag dazu leisten, dass Menschen nicht ihre Heimat verlassen müssen. Die reichen Länder haben sich vor über 40 Jahren verpflichtet, 0,7 Prozent des Bruttoinlandsproduktes für Entwicklungshilfe auszugeben. Davon sind viele aber noch meilenweit entfernt. Deutschland erreicht im Jahr 2015 schätzungsweise 0,41 Prozent, wobei bei dieser Quote auch Leistungen der Länder und Kommunen eingerechnet werden, beispielsweise die von den Ländern aufgebrachten Studienplatzkosten für Studierende aus Entwicklungsländern. Es wäre auf jeden Fall sinnvoller, einen Teil der Milliarden von Euro, die jetzt in Europa für Asylverfahren und die Unterbringung von Flüchtlingen ausgegeben werden, für die Beseitigung von Fluchtursachen vor Ort zu investieren. Wie schwer es ist, Kriege und Bürgerkriege als Ursache für Flucht einzudämmen, zeigt sich allerdings am Beispiel Syriens. Zur Bekämpfung der Fluchtursachen gehört eine gerechtere europäische Handelspolitik, worauf Heribert Prantl in seinem Plädoyer für eine menschliche Flüchtlingspolitik hinweist: «Solange europäische Butter in Marokko billiger ist als die einheimische, solange französisches Geflügel im Niger weniger kostet als das dortige, solange schwimmende Fischfabriken vor den Küsten Afrikas alles wegfangen, was zappelt – so lange muss man sich über den Exodus aus Afrika nicht wundern. Die EU-Subventionspolitik ist eine Politik, die Fluchtursachen schafft.» Insgesamt müsste nicht nur das UN-Flüchtlingshilfswerk UNHCR mit mehr Geld und Personal ausgestattet werden. Die internationale Völkergemeinschaft sollte auch die Rolle der Vereinten Nationen in diesem Zusammenhang neu definieren und mehr Kompetenzen an die UN abgeben, damit Hilfsaktionen nicht zu spät kommen. Insgesamt könnte Deutschland in der Flüchtlingspolitik in Europa eine Vorreiterrolle und Vorbildfunktion übernehmen. Für die EU, die den Friedensnobelpreis erhalten hat, ist die «Mittelmeer-Flüchtlingskrise» eine Bewährungsprobe ihrer Glaubwürdigkeit.

VI. Flüchtlinge: Recht und Aufenthalt

50. Wie verläuft das Asylverfahren? Das deutsche Asylrecht ist insofern einzigartig in der Welt, als es in der Verfassung als Grundrecht verankert ist, gleichbedeutend wie z. B. das Grundrecht auf Meinungsfreiheit. Es wurde 1949 als Lehre der NS-Vergangenheit auf der Basis einer ausführlichen Debatte eingeführt – zu einem Zeitpunkt, als Deutschland mit massiven Flüchtlingszahlen konfrontiert war und ein Zentrum des Weltflüchtlingsproblems darstellte. Das Grundrecht auf Asyl als einklagbaren Rechtsanspruch in der Verfassung festzuschreiben war also keine kurzfristige, quasi unüberlegte Entscheidung, wie später – gerade bei der Debatte über die Grundgesetzänderung Anfang der 1990er Jahre – behauptet wurde. Der Vorsitzende des Parlamentarischen Rats, der SPD-Politiker Carlo Schmid, war sich bei den Beratungen über das deutsche Grundgesetz mit seinem Kollegen Hermann von Mangoldt (CDU) vollkommen darin einig, dass eine Einschränkung des Asylrechts praktisch mit seiner Abschaffung gleichzusetzen wäre.

Im Jahre 1992 stieg die Zahl der Asylbewerber in Deutschland auf rund 440 000. Nach langen politischen Auseinandersetzungen wurde deshalb im sogenannten Asylkompromiss das Grundgesetz geändert, was eine gravierende Änderung des Grundrechts auf Asyl mit sich brachte. In Artikel 16 a, Absatz 1 Grundgesetz heißt es zwar weiterhin: «Politisch Verfolgte genießen Asylrecht.» Absatz 2 schränkt jedoch den Schutzbereich des Grundgesetzes ganz erheblich ein. Auf Absatz 1 kann sich nicht mehr berufen, wer aus einem Mitgliedstaat der Europäischen Gemeinschaft oder aus einem anderen Drittstaat einreist, in dem die Genfer Flüchtlingskonvention sowie die Europäische Menschenrechtskonvention gelten. Wer aus einem sogenannten sicheren Herkunftsstaat stammt, erhält ebenfalls kein Asyl mehr. Die meisten Flüchtlinge kommen mit Hilfe von Schleppern «illegal» nach Deutschland. Flüchtlinge werden geradezu dazu gezwungen, ihren Fluchtweg zu verschleiern. Denn wer es auf dem Landweg nach Deutschland schaffen will, durchquert zwangsläufig einen sicheren Drittstaat. Der einzige Weg für Flüchtlinge führt also über den Luft- oder Seeweg oder aber in die Arme von Schlepperorganisationen. Zyniker sagen schon: Seit der Änderung des Grundgesetzes muss man mit dem Fallschirm über Deutschland abspringen, um einen Asylantrag stellen zu können.

Wenn ein Flüchtling Deutschland erreicht, meldet er sich bei den Behörden, oder die Polizei, die ihn aufgegriffen hat, überstellt ihn den Behörden. Zunächst werden die Flüchtlinge in Landeserstaufnahmestellen der Bundesländer untergebracht, an die die Außenstellen des Bundesamtes für Migration und Flüchtlinge (BAMF) angeschlossen sind. Dort findet eine Anhörung statt, und die Asylbewerber stellen ihren Antrag. Die Fingerabdrücke der Bewerber werden mit europäischen Datenbanken abgeglichen, um zu verhindern, dass mehrere Anträge in verschiedenen Ländern gestellt werden. Wenn der Flüchtling bereits in einem anderen EU-Land einen Antrag gestellt hat, kann er dorthin «rücküberstellt» werden. Sogenannte Entscheider des BAMF beurteilen nach einer Anhörung, ob Asyl gewährt oder der Antragsteller in sein Heimatland ausgewiesen wird. Während des Asylverfahrens erhalten Flüchtlinge eine Aufenthaltsgestattung, die sie berechtigt in Deutschland zu leben und unter bestimmten Bedingungen zu arbeiten. Gegen die Entscheidung können die Asylbewerber vor Gerichten klagen. Die durchschnittliche Verfahrensdauer lag 2014 bei 7,1 Monaten. Im April 2015 war sie auf fünf Monate gesunken. Allerdings dauerte ein Verfahren bei den verschiedenen Nationalitäten unterschiedlich lang – bei Afghanen betrug sie 2014 durchschnittlich 16,5, bei Pakistanis sogar 17,6 Monate. Schutz wird vor allem durch die Genfer Flüchtlingskonvention und andere europäische Abkommen gewährt. Artikel 16 a des Grundgesetzes spielt dabei fast keine Rolle mehr: Von Januar bis September 2015 wurden 65 714 Personen nach der Genfer Konvention als Flüchtlinge anerkannt. Darunter waren nur 0,9 Prozent, die als Asylberechtigte nach Artikel 16 des Grundgesetzes akzeptiert wurden.

Nach Griechenland werden Flüchtlinge nicht zurückgeschickt, weil verschiedene Gerichte, vor allem der Europäische Gerichtshof, dies verbieten, da dort kein richtiges Asylverfahren gewährleistet ist. Auch nach Italien wurden Asylbewerber schon aus ähnlichen Gründen nicht zurückgeschickt. Die Asylbewerber werden – so das BAMF – nach bis zu sechs Wochen, spätestens jedoch nach drei Monaten in «Einrichtungen der vorläufigen Unterbringung» gebracht. Diese Aufgaben haben die meisten Bundesländer den Städten und Landkreisen übertragen, die unterbringungspflichtig sind. Die Unterbringung erfolgt sowohl in Gemeinschaftsunterkünften als auch in Einzelwohnungen. Nach einer Aufnahmequote werden die Asylbewerber auf die Bundesländer verteilt. Die Bundesländer sind auch für die

Geld- und Sachleistungen zur Existenzsicherung zuständig. Bis vor Kurzem durften Asylbewerber neun Monate lang nicht arbeiten. Außerdem erfolgte eine sogenannte Vorrangprüfung, wonach erst geprüft wurde, ob kein Deutscher oder EU-Bürger für die Stelle in Frage kam. Inzwischen ist die Wartezeit auf drei Monate verkürzt worden, und die «Vorrangprüfung» entfällt nach einer Aufenthaltsdauer von 15 Monaten. Nach einer positiven Entscheidung erhält ein Asylbewerber eine Aufenthaltserlaubnis und kann arbeiten, ohne dass dazu eine Zustimmung der Arbeitsagentur notwendig ist. Anerkannte Asylbewerber müssen die Gemeinschaftsunterkünfte verlassen und sich auf dem freien Wohnungsmarkt eine geeignete Bleibe suchen.

Deutschland hat zugesagt, im Rahmen eines humanitären Aufnahmeprogramms 20 000 Personen aus Syrien und den Anrainerstaaten Schutz zu gewähren, ohne dass sie einen Asylantrag stellen müssen. Bis April 2015 kamen etwa 18 500 Flüchtlinge ins Land, weitere 14 000 wurden von 15 Bundesländern aufgenommen. Nach Angaben von PRO ASYL liegen in Deutschland 60 000 Anträge von Menschen vor, die hoffen, über ein Bundes- oder Landesprogramm zu ihren Verwandten nach Deutschland kommen zu dürfen.

Das erste Kontingent wurde vor Ort in enger Zusammenarbeit mit UNHCR, dem Flüchtlingshilfswerk der Vereinten Nationen, ausgewählt. Ein Merkblatt des Bundesinnenministeriums nennt Kriterien für die Auswahl: Personen mit besonderem humanitären Schutzbedarf wie Kinder mit ihren Eltern oder Frauen in prekären Lebenssituationen, Personen mit Bezügen zu Deutschland sowie Personen, die nach Konfliktende einen besonderen Beitrag zum Wiederaufbau des Landes leisten können. Beim zweiten Kontingent konnten Verwandte oder Bekannte in Deutschland bei den Ausländerbehörden Aufnahmeanträge stellen. Die Nachfrage danach war groß. So wurden in Baden-Württemberg siebenmal mehr Anträge gestellt, als Personen berücksichtigt werden konnten. Diese Flüchtlinge dürfen nur mit einer Verpflichtungserklärung der hier lebenden Verwandten oder Freunde einreisen. Das heißt, dass diese Flüchtlinge keinen Anspruch auf staatliche und soziale Leistungen haben. Alle Kosten für Unterkunft, Verpflegung oder Krankenversicherung müssen von den Verwandten oder Freunden übernommen werden. Die Mehrzahl der syrischen Flüchtlinge – seit Beginn des Bürgerkriegs 2011 haben 99 757 Syrer Asyl in Deutschland beantragt – kommt aber zwangsläufig illegal nach Deutschland. Im Eilverfahren beschloss der Bundestag am 15. Oktober das Asylverfahrensbeschleunigungsgesetz, das am Tag darauf den Bundesrat passierte und wenige Tage später in Kraft trat. Mit einem Paket verschiedener Maßnahmen soll die «Flüchtlingskrise» bewältigt und offensichtlich einer beunruhigten Wählerschaft gezeigt werden, dass die Politik handlungsfähig ist. So sollen Abschiebungen jetzt ohne vorherige Ankündigung erfolgen, um ein Abtauchen der Flüchtlinge zu verhindern. In Erstaufnahmeeinrichtungen sollen künftig wieder vorrangig Sachleistungen statt Bargeld ausgegeben werden, was verfassungsrechtliche Bedenken hervorruft (siehe Frage Nr. 58). Das Sachleistungsprinzip ist mit einem hohen Verwaltungsaufwand verbunden. In einer Umfrage des Tagesspiegels vor der Abstimmung im Bundesrat sprachen sich zehn der 16 Landesregierungen gegen eine erneute Einführung aus. Künftig sollen Asylbewerber sechs statt drei Monate in der Erstaufnahmeeinrichtung verbleiben, womit sich das Arbeitsverbot, das gerade gelockert wurde, wieder verlängert. Ziel ist, dort das Asylverfahren abzuschließen und abgelehnte Asylbewerber zurückzuschicken, bevor sie auf die Kommunen verteilt werden.

Gegen eine längere Unterbringung in Sammellagern, wie sie jetzt beschlossen wurde, sprechen viele Gründe: Widerstände einzelner Kommunen sowie der Wohnbevölkerung führen zu großen Schwierigkeiten bei der Standortbestimmung. «Ausländer unterschiedlicher Nationalität, Kultur und Religion werden zwangsläufig auf engem Raum untergebracht. Dies kann sowohl zu erheblichen Schwierigkeiten innerhalb des Wohnheims als auch zu Störungen im Zusammenleben mit der deutschen Bevölkerung führen.» Diese kritischen Anmerkungen stammen nicht etwa von der «Flüchtlingslobby» dieser Tage, sondern von einer CDU-Landesregierung aus dem Jahr 1978! An ihrer Gültigkeit haben sie nichts verloren.

Das Bündel von asylpolitischen Maßnahmen aus dem Herbst 2015 ist vom «Abschreckungsgedanken» geleitet. Die Auswirkungen dürften so gravierend und verschärfend sein wie die Grundgesetzänderung von 1993, die aber nicht den gewünschten Erfolg – eine dauerhafte Senkung der Asylbewerberzahlen – gebracht hat. Vielmehr haben die letzten Jahre gezeigt, dass sich die Flüchtlinge allein durch verwaltungstechnische Maßnahmen und politische «Stopp-Signale» nicht aufhalten lassen. Trotz aller Kritik zeichnen sich im neuen Gesetz auch positive Ansätze ab. So sollen die Integrationskurse für

Flüchtlinge mit guter Bleibeperspektive geöffnet werden. Für Migranten aus Balkanstaaten, die in der Regel abgelehnt werden, will das Gesetz die Möglichkeit legaler Einwanderung schaffen. Außerdem sollen die Länder und Kommunen entlastet werden, indem der Bund die Länder künftig dauerhaft finanziell bei der Versorgung von Flüchtlingen unterstützt.

51. Was sind sichere Drittstaaten? Asylbewerber, die aus sogenannten sicheren Drittstaaten einreisen, in denen die Genfer Flüchtlingskonvention und die Europäische Menschenrechtskonvention gelten, erhalten nach der Grundgesetzänderung von 1993 kein politisches Asyl mehr in Deutschland. Sichere Drittstaaten sind die Mitgliedstaaten der Europäischen Gemeinschaften sowie Norwegen und die Schweiz. Alle Nachbarstaaten Deutschlands sind sichere Drittstaaten, so dass Deutschland von einem Gürtel solcher Staaten umgeben ist.

52. Was sind sichere Herkunftsstaaten? Das sind Staaten, «bei denen aufgrund der allgemeinen politischen Verhältnisse die gesetzliche Vermutung besteht, dass dort weder politische Verfolgung noch unmenschliche oder erniedrigende Bestrafung oder Behandlung stattfindet», so das Bundesamt für Migration und Flüchtlinge in seiner Erklärung. Diese Vermutung besteht, solange ein Ausländer aus einem solchen Staat nicht glaubhaft Tatsachen geltend machen kann, die die Annahme begründen, dass er entgegen dieser Vermutung doch verfolgt wird. Im Februar 2015 waren «sichere Herkunftsstaaten» die Mitgliedstaaten der EU sowie Bosnien und Herzegowina, Ghana, Mazedonien, Senegal und Serbien. Welches Land als sicher gilt, bestimmt der Gesetzgeber auf der Grundlage von Lageberichten des Auswärtigen Amtes. Die Liste der sicheren Herkunftsstaaten ist immer wieder umstritten. In den Balkanstaaten Bosnien, Serbien und Mazedonien kommt es zu Menschenrechtsverletzungen mit rassistischen Übergriffen auf Roma oder Homosexuelle, in Mazedonien zu gewalttätigen Auseinandersetzungen zwischen der mazedonischen Mehrheitsbevölkerung und der albanischen Minderheit. Die beiden großen Kirchen fordern deshalb, für diese Länder an der Einzelfallprüfung festzuhalten und nicht pauschal von «sicheren Herkunftsstaaten» auszugehen mit nur geringen Chancen für die Anerkennung als Flüchtling in Deutschland. Trotz massiver Bedenken von Kirchen, Juristen und Hilfsorganisationen wurden im Oktober 2015 drei weitere Länder – Albanien, Kosovo und Montenegro – zu sicheren Herkunftsstaaten erklärt. Insbesondere den Kosovo auf die sichere Liste zu setzen, ist problematisch. Dort sind aufgrund einer Resolution der Vereinten Nationen immer noch etwa 5000 internationale Soldaten im Einsatz, darunter rund 300 aus Deutschland. Die Bundeswehr schreibt noch im Oktober 2015 auf ihrer Homepage, dass im Norden des Kosovo «das Eskalationspotential weiterhin hoch» sei. Sicher ist es dort also immer noch nicht.

53. Wie läuft das Flughafenverfahren? Mit der Änderung des Grundgesetzes im Jahre 1993 wurde das sogenannte Flughafenverfahren eingeführt. Es findet an deutschen Flughäfen statt, die über eine Unterbringungsmöglichkeit für Asylsuchende verfügen. Davon ist vor allem der Flughafen Frankfurt/Main betroffen. Durch das Flughafenverfahren sollen bei offensichtlich unbegründeten Asylanträgen die Bewerber noch vor der Einreise in das Bundesgebiet zurückgewiesen werden können. Der Flughafen wird dabei als «exterritorial» betrachtet. Wenn der Asylantrag als «offensichtlich unbegründet» abgelehnt wird, verweigern die Behörden die Einreise, und der abgelehnte Asylbewerber wird bis zu seiner Rückführung in einer haftähnlichen Situation in der Unterkunft am Flughafen festgesetzt. Zum Teil vergehen mehrere Wochen oder Monate, bis die notwendigen Dokumente für die Rückreise vorliegen. Der Deutsche Caritasverband und andere kritisieren seit Langem die Asylschnellverfahren an Flughäfen, die ihrer Meinung nach die Qualität des Verfahrens stark beeinträchtigt. Sie fordern die Abschaffung des Flughafenverfahrens und die damit verbundene Unterbringung in den dafür geschaffenen Einrichtungen. Am Frankfurter Flughafen unterhalten das Bundesamt für Migration und Flüchtlinge, die Bundespolizei und das Regierungspräsidium Gießen Einrichtungen für etwa 600 Fälle im Jahr, ein Aufwand, der – so die Kritik – nicht gerechtfertigt ist.

54. Was ist der Königsteiner Schlüssel? Der «Königsteiner Schlüssel» regelt, welchen Anteil die Bundesländer bei gemeinsamen Finanzierungen zu tragen haben. Für die Erstellung des Schlüssels zuständig ist die von Bund und Ländern eingerichtete Gemeinsame Wissenschaftskonferenz (GWK). Der Schlüssel verdankt seine Entstehung einem Staatsabkommen von 1949, das die Landesregierungen in Königstein im Taunus abgeschlossen haben. Der Schlüssel setzt sich zu zwei Dritteln aus dem Steueraufkommen und zu einem Drittel aus der Bevölkerungszahl der Länder zusammen. Der Königsteiner Schlüssel wird jedes Jahr neu festgelegt und geht über die Forschungsfinanzierung heutzutage weit hinaus. So regelt er auch die Verteilung von Asylbewerbern auf die Bundesländer. Nach dem Schlüssel hat Nordrhein-Westfalen 2015 mit rund 21 Prozent die höchste Aufnahmequote, die niedrigste hat Bremen mit 0,94 Prozent. Die Verteilungsquoten für 2015 sehen wie folgt aus:

Bundesland	Quote
Baden-Württemberg	12,97496%
Bayern	15,33048%
Berlin	5,04557%
Brandenburg	3,08092%
Bremen	0,94097%
Hamburg	2,52738%
Hessen	7,31557%
Mecklenburg-Vorpommern	2,04165%
Niedersachsen	9,35696%
Nordrhein-Westfalen	21,24052%
Rheinland-Pfalz	4,83472%
Saarland	1,21566%
Sachsen	5,10067%
Sachsen-Anhalt	2,85771%
Schleswig-Holstein	3,38791%
Thüringen	2,74835%

Quelle: Bundesamt für Migration und Flüchtlinge

55. Was ist subsidiärer Schutz? Subsidiärer («behelfsmäßiger») Schutz gilt dann, wenn das Asylrecht nicht greift, aber trotzdem schwerwiegende Gefahren für Freiheit, Leib oder Leben wie Folter oder Todesstrafe drohen. Berücksichtigt werden nur solche Gefahren, die dem Antragsteller in dem Land drohen, in das er abgeschoben werden soll. Ob ein solcher Schutz zu gewähren ist, prüft das Bundesamt für Migration und Flüchtlinge automatisch, nachdem ein Asylantrag gestellt wurde. Der subsidiäre Schutz enthält zunächst nur ein Abschiebeverbot und ist kein Aufenthaltstitel. Im April 2015 erhielten z. B. nur 87 Personen (0,4 Prozent der Anträge, über die in diesem Monat entschieden wurde) subsidiären Schutz nach dem Asylverfahrensgesetz bzw. der entsprechenden EU-Richtlinie. Ende 2014 lebten 13 151 Personen mit subsidiärem Schutz (nach § 25 Abs. 2 Aufenthaltsgesetz) in Deutschland.

56. Was ist das Dublin-Verfahren? Benannt nach der Stadt, in der sie 1990 unterschrieben wurde, macht die Dublin-Verordnung besonders in letzter Zeit Schlagzeilen. In Kraft getreten ist das Abkommen erst im Jahre 1997. Mehrere Male revidiert, ist es im Kern gleich geblieben. Das dadurch eingeführte Dublin-Verfahren legt fest, welcher Staat der Europäischen Gemeinschaft für die Prüfung des Asylantrags zuständig ist. Das Dublin-Verfahren ist in seiner dritten Überarbeitung seit 1.1.2014 (Dublin III) gültig. Mitgliedstaaten sind alle Staaten der EU sowie Norwegen, Island, Schweiz und Liechtenstein. Durch das Verfahren soll sichergestellt werden, dass nur in einem Staat ein Asylantrag gestellt wird. Der Staat, in den der Flüchtling nachweislich zuerst einreist, ist für das Asylverfahren zuständig. In der Praxis funktioniert das Dublin-Verfahren schon lange nicht mehr. 72 Prozent aller Verfahren wurden im Jahr 2014 in nur fünf Mitgliedstaaten der EU durchgeführt. Deutschland und Schweden mussten 2014 etwa 43 Prozent aller Asylverfahren in Europa bewältigen. Viele Flüchtlinge und Asylbewerber aus Bürgerkriegsregionen haben sich in den vergangenen Jahren mit Hilfe von Schlepperbanden gezielt auf den Weg nach Deutschland gemacht. Außerdem sind Länder wie Italien nicht ihren Verpflichtungen nach dem Dubliner Abkommen nachgekommen, erfassen die Flüchtlinge nicht durch Fingerabdruck, lassen sie nach Deutschland oder in andere Länder weiterreisen. Außerdem funktioniert die Rückführung nach dem Dubliner Abkommen in die Länder, in die Flüchtlinge zuerst eingereist sind, nicht. Von der Idee, die Asylbewerber auf die EU-Länder nach dem Dublin-Verfahren zu verteilen, ist also nicht viel übrig geblieben. Allerdings lässt man die Südländer wie Italien und Griechenland, wo die meisten Flüchtlinge «anlanden», mit dem Problem auch weitgehend allein.

57. Was steht in der Genfer Flüchtlingskonvention? Das «Abkommen über die Rechtsstellung der Flüchtlinge» – so der offizielle Titel der Genfer Flüchtlingskonvention (GFK) – von 1951 und das ergänzende Protokoll von 1967 werden als «Magna Charta» der Flüchtlinge bezeichnet. Bis zum heutigen Tage ist die GFK das wichtigste internationale Dokument zum Schutz der Flüchtlinge. Die Konvention legt fest, wer ein Flüchtling ist und welchen Schutz er genießt, aber auch welche Pflichten er hat.

Artikel 33 enthält das Verbot, einen Flüchtling «auf irgendeine Weise über die Grenzen von Gebieten auszuweisen oder zurückzuweisen, in denen sein Leben oder seine Freiheit wegen seiner Rasse, Religion, Staatsangehörigkeit, seiner Zugehörigkeit zu einer bestimmten sozialen Gruppe oder wegen seiner politischen Überzeugung bedroht sein würde». Dieses völkerrechtlich geregelte Ausweisungs- und Zurückweisungsverbot wird international als «Non-refoulement-Prinzip» bezeichnet. Dieses wichtigste Prinzip des Vertrages ist in eine ganze Reihe internationaler und regionaler Menschenrechtsverträge eingegangen.

Laut Artikel 1 A der Genfer Flüchtlingskonvention ist ein Flüchtling eine Person, die «aus der begründeten Furcht vor Verfolgung wegen ihrer Rasse, Religion, Nationalität, Zugehörigkeit zu einer bestimmten sozialen Gruppe oder wegen ihrer politischen Überzeugung sich außerhalb des Landes befindet, dessen Staatsangehörigkeit sie besitzt, und den Schutz dieses Landes nicht in Anspruch nehmen kann oder wegen dieser Befürchtungen nicht in Anspruch nehmen will...». Insgesamt sind 147 Staaten bisher der Genfer Flüchtlingskonvention beigetreten. Über 15 Millionen Menschen haben inzwischen durch sie Schutz gefunden. Um die Einhaltung der Konvention und den Schutz der Menschenrechte von Flüchtlingen kümmert sich der UNHCR (Hoher Kommissar der Vereinten Nationen für Flüchtlinge) mit Sitz in Genf. Der Wirkungsbereich der GFK ist nicht unumstritten. Die meisten großen Flüchtlingskatastrophen der letzten Jahre wurden durch Bürgerkriege ausgelöst. Der Wortlaut der Konvention bezieht sich aber nicht eindeutig auf Flüchtlinge, die vor kriegerischen Auseinandersetzungen oder Verfolgung durch Milizen oder Rebellen Schutz suchen. Das Flüchtlingshilfswerk der Vereinten Nationen ist der Meinung, dass nicht der Urheber der Verfolgung Ausschlag gebend ist, sondern dass eine Person internationalen Schutz benötigt, wenn der eigene Staat einen solchen Schutz nicht mehr garantieren kann oder will. Die Anwendung der GFK wurde im Laufe der Jahre auch durch verschiedene Maßnahmen der Aufnahmeländer eingeengt. So ist der Zugang zum Asylverfahren und damit zum Schutz der GFK dadurch beeinträchtigt worden, dass Einreisevisa vorliegen müssen. Die Beförderungsunternehmen sind verpflichtet, zu überprüfen, ob Visa vor der Abreise vorhanden sind.

58. Welche Leistungen erhalten Asylbewerber? Das Asylbewerberleistungsgesetz regelt die Unterbringung der Flüchtlinge, aber auch die Leistungen für Ernährung oder Kleidung. In einigen Bundesländern erhalten Asylsuchende diese als Wertgutscheine oder als Lebensmittel- und Hygienekartons. Außerdem steht jedem Flüchtling ein Taschengeld in Höhe von «80 Deutschen Mark», also jetzt 40,90 Euro im Monat, zu. Kinder erhalten 20 Euro. Falls keine Sachleistungen gezahlt werden, stehen den Erwachsenen 225 Euro zu. Inzwischen stellen fast alle Bundesländer auf Geldleistungen um. Im Juli 2012 hat das Bundesverfassungsgericht, fast 20 Jahre nach der Einführung, die Höhe der Leistungen für verfassungswidrig erklärt und eine vorläufige Anhebung auf Hartz-IV-Niveau beschlossen, damals 336 Euro, bis der Gesetzgeber eine bedarfsgerechte Berechnung für die Leistungen vorlegt. Das Bundesverfassungsgericht (BVG) erteilte der Politik damit eine Ohrfeige und setzte einen Meilenstein in der Asylpolitik. Der erste Senat hat entschieden, dass die bisherigen Regelungen mit dem Grundrecht auf Gewährleistung eines menschenwürdigen Existenzminimums aus Art. 1 Abs. 1 GG in Verbindung mit Art. 20 Abs. 1 GG unvereinbar sind. Die Höhe der Geldleistung ist nach Auffassung des Gerichts evident unzureichend, weil sie seit 1993 trotz der erheblichen Preissteigerung in Deutschland nicht verändert worden ist. Außerdem sei die Höhe der Geldleistungen weder nachvollziehbar berechnet worden noch sei eine realitätsgerechte, am Bedarf orientierte und insofern aktuell existenzsichernde Berechnung ersichtlich. Das BVG beruft sich in seiner Entscheidung ausdrücklich auf Art. 1 GG, wonach die Würde des Menschen unantastbar ist: «Dieses Grundrecht steht deutschen und ausländischen Staatsgehörigen, die sich in der Bundesrepublik Deutschland aufhalten, gleichermaßen zu.» Migrationspolitische Erwägungen, die Leistungen an Asylbewerber und Flüchtlinge niedrig zu halten, um «Wanderungsbewegungen» zu vermeiden, seien nicht zu rechtfertigen. Die «Menschenwürde ist migrationspolitisch nicht zu relativieren», erklärte in diesem Zusammenhang der Vizepräsident des Gerichts, Ferdinand Kirchhof.

Das Bundeskabinett einigte sich 2014 auf eine Reform des Asylbewerberleistungsgesetzes, die die Leistungssätze dauerhaft auf 352 Euro festlegen soll. Der «Sachleistungsvorrang» wird teilweise aufgehoben. Nur während des Aufenthalts in den Erstaufnahmeeinrichtungen wird noch an Sachleistungen festgehalten. Nach der Erstaufnahmezeit soll es vorrangig Geld- statt Sachleistungen geben. Dadurch soll sich der Verwaltungsaufwand der Kommunen erheblich reduzieren. Sachleistungen bleiben aber weiterhin möglich, um Versorgungsengpässe zu vermeiden.

Das Asylbewerberleistungsgesetz regelt auch den Zugang zur Gesundheitsversorgung, der auf akute Erkrankungen und Schmerzzustände beschränkt ist. Lesehilfen oder Zahnersatz werden beispielsweise nicht ersetzt. Die Bundesländer Hamburg und Bremen haben als einzige Länder eine Krankenversicherung für Asylbewerber eingeführt. Bund und Länder arbeiten an einem Gesamtkonzept, das Asylsuchenden den Arztzugang erleichtern soll. Der Präsident der Diakonie Deutschlands, Ulrich Lilie, kritisierte das bisherige bürokratische System – erst beim Sozialamt einen Krankenschein holen und dann zum Arzt. Dies diene allenfalls der Abschreckung. Durch verantwortungsbewusste medizinische Versorgung von Anfang an müsse die Ansteckungsgefahr in Gemeinschaftsunterkünften verhindert werden. Zurzeit würden Asylsuchende teilweise mehrere Monate auf ihre medizinische Eingangsuntersuchung warten. Kein Wunder – so der Diakonie-Präsident –, dass Masern und Windpocken ein leichtes Spiel haben.

Alle Fraktionen im Bundestag sind sich im Prinzip auch darin einig, dass Asylbewerber und geduldete Ausländer ein Konto eröffnen können. Nach Angaben des Statistischen Bundesamtes betrugen die Leistungen für die finanzielle Unterstützung der Asylbewerber im Jahre 2013 rund 1,5 Milliarden Euro. Pro Asylbewerber rechnet man mit 7600 Euro pro Jahr, wobei alle Leistungen sowie die Kosten für das Asylverfahren eingerechnet werden. Der Bund unterstützt die Länder mit 500 Millionen Euro im Jahr. Im Juni 2015 erfolgte die Zusage, diese Mittel auf 1 Mrd. Euro zu verdoppeln, weitere Mittel in Milliardenhöhe wurden im Laufe des Jahres zugesagt. Die Kosten für die Unterbringung bis zur Entscheidung im Asylverfahren werden nicht überall in Deutschland vom Land übernommen. In einigen

Bundesländern erhalten die Städte und Gemeinden Pauschalen, die manchmal nur 15 Prozent der Kosten decken. Länder und Gemeinden fordern vom Bund mehr Unterstützung angesichts steigender Asylbewerberzahlen.

59. Was sind Kontingentflüchtlinge? Kontingentflüchtlinge sind Flüchtlinge aus Krisengebieten, die im Rahmen internationaler humanitärer Hilfsaktionen aufgenommen werden. Das Aufenthaltsgesetz gestattet den obersten Landesbehörden bzw. dem Bundesministerium des Inneren, dass für bestimmte Gruppen von Ausländern aus völkerrechtlichen oder humanitären Gründen oder zur Wahrung politischer Interessen der Bundesrepublik Deutschland eine Aufenthaltserlaubnis erteilt wird. Diese Anordnung kann sich sowohl auf Ausländer beziehen, die noch nicht im Bundesgebiet sind, als auch auf Personen, die schon eingereist sind. Die Anordnung kann auch Personen aus Kriegs- oder Bürgerkriegsgebieten betreffen. Bislang gab es vor allem Aufnahmekontingente für Flüchtlinge aus Syrien. Einen bescheidenen Beitrag leistet Deutschland im Rahmen des sogenannten Resettlement-Programms der Vereinten Nationen. Dabei werden Flüchtlinge aufgenommen, die nach einer ersten Flucht aus dem Heimatland ihr Zufluchtsland aufgrund einer Krisen- oder Kriegssituation wieder verlassen müssen. Seit 2012 hat Deutschland jährlich 300 Flüchtlinge über dieses Verfahren aufgenommen. Die Resettlement-Flüchtlinge erhalten nach ihrer Einreise eine Aufenthalts- und eine Arbeitserlaubnis sowie wenn nötig Sozialhilfe.

60. Was sind «umF»? Im Fachjargon hat sich die Abkürzung «umF» für unbegleitete minderjährige Flüchtlinge eingebürgert. Junge minderjährige Flüchtlinge, die ohne Eltern oder andere Erwachsene Schutz suchen, stellen eine besondere Herausforderung für die Flüchtlingspolitik dar. Neben den Fluchtursachen der GFK kommen bei ihnen oft weitere Gründe, wie Kinderarbeit oder Zwangsrekrutierung als Kindersoldaten, hinzu. Schätzungsweise 50 000 Flüchtlinge in Europa sind minderjährig. Sie kommen aus Afghanistan, Somalia, Eritrea, Syrien oder aus dem Irak. Nach oft traumatischen Erlebnissen, Krieg, Hunger und Todesgefahr ausgesetzt, erreichen sie beispielsweise Griechenland. Etwa 3000 von ihnen sind in Griechenland aufgegriffen worden, wo 300 Auffangplätze für Jugendliche bestehen.

Der Rest befindet sich in Gefängnissen, in Kinderkrankenhäusern, in Lagern und auf der Straße. Im Jahre 2012 stellten in Deutschland 2096 unbegleitete Minderjährige einen Asylantrag. Im gleichen Jahr wurden in der Bundesrepublik 4300 minderjährige Flüchtlinge von den Jugendämtern in Obhut genommen. Im Jahr 2013 waren es bereits 6600, 2014 rund 7500. Nach Angaben der Diakonie Deutschland befanden sich Ende 2014 bundesweit sogar 18 000 unbegleitete minderjährige Flüchtlinge in Einrichtungen der Kinder- und Jugendhilfe. Jedes Jahr kommen – so die Diakonie – Tausende hinzu.

Ehrenamtliche Helfer, die Kirchen und Wohlfahrtsverbände kümmern sich um diese unbegleiteten minderjährigen Flüchtlinge und ihre seelischen Schäden. Nach Angaben des «Bundesfachverbandes unbegleitete minderjährige Flüchtlinge» sind 60 bis 80 Prozent dieser Kinder traumatisiert. Der Deutsche Caritasverband macht auf die besondere rechtliche Situation dieser Kinder aufmerksam. Für sie gelten zwar besondere Schutzpflichten und Rechte nach der UN-Kinderrechtskonvention und dem Grundgesetz, die Kinder werden mit staatlicher Verordnung untergebracht und durch einen Vormund betreut. Es entsteht aber eine Reihe von juristischen Problemen. Mit der Vollendung des 18. Lebensjahres müssen die Jugendlichen ihre Unterkunft verlassen, verlieren ihren gesetzlichen Vormund und stehen vor einer möglichen Abschiebung.

Unbegleitete Jugendliche werden nicht auf die Bundesländer verteilt, sondern werden dort betreut, wo sie zuerst in Deutschland aufgegriffen bzw. zuerst mit einer Behörde in Kontakt gekommen sind. Das führt zu einer vorrangigen Unterbringung und Betreuung in Großstädten wie Hamburg und Bremen. Dort werden einzelne Flüchtlinge kriminell. Nachdem Polizisten von minderjährigen Flüchtlingen angegriffen worden waren, setzte Bremens Bürgermeister Jens Böhrnsen (SPD) eine «geschlossene» Unterbringung durch. Familienministerin Manuela Schwesig (SPD) betonte in diesem Zusammenhang, einzelne Flüchtlinge hätten in ihren Heimatländern als Straßenkinder gelebt oder würden von Schleusern nach Deutschland gebracht. Die Ministerin warnte davor, alle jungen Flüchtlinge als Kriminelle abzustempeln. Es gehe vielmehr darum, sich verstärkt um sie zu kümmern, damit sich ihr Verhalten ändere. Bundestag und Bundesrat beschlossen im Oktober 2015 Verbesserungen für unbegleitete Jugendliche. Sie sollen in Zukunft genauso wie Erwachsene gleichmäßig auf die Bundesländer verteilt werden. Die Länder müssen bis Januar 2016 entsprechende Strukturen schaffen. Das Gesetz erhöht das Alter, ab dem Flüchtlinge als verfahrensfähig gelten, von 16 auf 18 Jahre.

61. Was ist eine Duldung? Wenn ein abgelehnter Asylbewerber nicht abgeschoben werden kann, erhält er eine Duldung. Gründe dafür, dass Ausreise oder Abschiebung nicht möglich sind, gibt es viele, beispielsweise ein fehlender Pass, Reiseunfähigkeit oder fehlende Verkehrsverbindungen in ein vom Krieg zerstörtes Herkunftsland. Die Duldung – eigentlich «Vorübergehende Aussetzung der Abschiebung» – ist kein Aufenthaltstitel. Als zeitweiliges Aufenthaltspapier soll die Duldung entweder zur freiwilligen Ausreise oder zur Abschiebung führen. Die Duldung ist im Allgemeinen räumlich beschränkt. Man spricht von der sogenannten Residenzpflicht, der Asylsuchende und geduldete Ausländer unterliegen. Wer Freunde oder einen Arzt aufsuchen will, die sich außerhalb des Bezirks der Ausländerbehörde befinden, muss sich das genehmigen lassen. In den letzten Jahren haben die meisten Bundesländer diese Beschränkung aber gelockert. Nach einem entsprechenden Gesetz, dem der Bundesrat am 19. Dezember 2014 zugestimmt hat, soll die Residenzpflicht nach drei Monaten Aufenthalt im Bundesgebiet ganz aufgehoben werden. Für Asylbewerber und Geduldete, deren Lebensunterhalt nicht gesichert ist, wird aber der Wohnsitz festgelegt, an dem Sozialleistungen erbracht werden.

Geduldete Personen haben nur Anspruch auf Leistungen nach dem Asylbewerberleistungsgesetz. Eine Erwerbstätigkeit ist nur dann möglich, wenn von der Ausländerbehörde nach Zustimmung der Arbeitsverwaltung eine Arbeitserlaubnis erteilt wurde. Duldungen sollen nur eine kurze Zeit – meistens drei bis sechs Monate – dauern. Geduldete müssen im Prinzip jeden Tag mit einer Abschiebung rechnen. Sie sind von Integrationsmaßnahmen wie Sprachkursen ausgeschlossen.

In der Praxis werden Duldungen aber immer wieder verlängert. Diese sogenannten Kettenduldungen führen dazu, dass Flüchtlinge jahrelang in Deutschland leben, Kinder hier aufwachsen und zur Schule gehen und dann doch eines Tages ausgewiesen werden. Dies war vor allem bei den Flüchtlingen aus dem früheren Jugoslawien der Fall. Ende 2014 befanden sich 113 221 geduldete Personen in Deutschland. 31 245 Menschen mit einer Duldung lebten hier bereits länger als sechs bzw. 27 310 länger als acht Jahre. Mit dem «Gesetz zur Neubestimmung des Bleiberechts und der Aufenthaltsbeendigung» vom Juli 2015 schuf die Bundesregierung Klarheit und verbesserte das Bleiberecht. Gut integrierte Ausländer, die bisher von einer Duldung zur nächsten leben mussten, sollen nun einen gesicherten Aufenthaltsstatus erhalten – unabhängig von einem gesetzlichen Stichtag, wie es bisher der Fall war. Davon profitieren Ausländer, die seit mindestens acht Jahren in Deutschland leben, über ausreichende Deutschkenntnisse verfügen und ihren Lebensunterhalt überwiegend selbst bestreiten. Für Flüchtlinge mit einem minderjährigen Kind soll das schon nach sechs Jahren möglich sein – bei Jugendlichen reichen vier Jahre Schulbesuch in Deutschland. Schätzungsweise 30 000 Menschen könnten von den neuen Regelungen profitieren.

62. Was ist «Kirchenasyl»?

Kirchenasyl hat eine lange Tradition. So gab es schon in vorchristlicher Zeit das Tempelasyl, das den Verfolgten schützte und den Verfolgern das Eindringen verbot. Das Wort Asyl kommt vom griechischen «asylos»: «Das, was nicht ergriffen werden kann.» Es kennzeichnet damit ursprünglich den Ort, der vor Verfolgung schützt. Die Kirchen berufen sich beim Kirchenasyl und bei ihren kritischen Stellungnahmen zur Asylpolitik unter anderem auf das Alte Testament. Darin steht: «Ihr sollt also auch den Fremdling lieben, denn Fremdlinge seid ihr im Ägypterland gewesen.»

Bereits seit 1994 gibt es eine «Ökumenische Bundesarbeitsgemeinschaft Asyl in der Kirche». Beim Kirchenasyl nehmen die Kirchengemeinden die Asylbewerber für einen begrenzten Zeitraum in ihren Gebäuden auf, wo sie ihnen Unterkunft und Verpflegung bieten. Damit soll Zeit für eine Wiederaufnahme oder Überprüfung des Asylantrags gewonnen und vor Abschiebung geschützt werden. Kirchenasyl bewegt sich in einer rechtlichen Grauzone und widersetzt sich geltendem Recht, wobei es aber vom Staat weitgehend toleriert wurde. Die Kirchengemeinden müssen die zuständigen Behörden über den Aufenthalt der Flüchtlinge informieren. Im Februar 2015 kam es zu einer Kontroverse zwischen Bundesinnenminister Thomas de Maizière (CDU) und den Kirchen. De Maizière kritisierte das Kirchenasyl, weil es sich über das geltende Recht setzen würde, und sagte: «Die Scharia ist auch eine Art Gesetz für Muslime, sie kann aber in keinem Fall über deutschen Gesetzen stehen.» Die Kirchen wiesen diese Vorwürfe zurück. Diakonie-Präsident Ulrich Lilie reagierte heftig: «Die Kritik des Innenministers am Kirchenasyl verrät ein bestürzend formales Verständnis des Rechtsstaates. ... Selbstverständlich ist Kirche kein rechtsfreier Raum, aber Kirchen sind immer auch Schutzräume für Menschen in besonderen Notlagen gewesen. Das sollen sie nach Gottes Willen auch sein.» Bei einem Spitzengespräch zwischen katholischer und evangelischer Kirche und dem damaligen Präsidenten des Bundesamtes für Migration und Flüchtlinge (BAMF), Dr. Manfred Schmidt, entspannte sich die Lage vor allem auch, weil der Bundesinnenminister den Vergleich zwischen Kirchenasyl und Scharia zurückgezogen hatte. Die Kirchen vereinbarten mit dem Bundesamt eine neue Zusammenarbeit bei Kirchenasyl-Fällen. Zu diesem Zeitpunkt hatten evangelische und katholische Gemeinden in Deutschland insgesamt 226 Kirchenasyle gewährt. Im Jahre 2013 sind in 95 Prozent der Kirchenasyle die Abschiebungen nach einer erneuten Prüfung ausgesetzt worden.

63. Was sind Härtefallkommissionen? Mit dem Zuwanderungsgesetz von 2005 wurden Härtefallkommissionen geschaffen. Es liegt im Ermessen der Bundesländer, solche Kommissionen einzurichten. Die oberste Landesbehörde – das Innenministerium – kann auf Ersuchen einer solchen Härtefallkommission anordnen, dass ein «ausreisepflichtiger» Ausländer bleiben darf. Die Kommissionen können nur Empfehlungen abgeben, die endgültige Entscheidung liegt bei den zuständigen Landesbehörden. Inzwischen haben alle 16 Bundesländer Härtefallkommissionen eingerichtet, von denen manche im Jahr 2015 bereits ihr zehnjähriges Jubiläum feiern konnten. Insgesamt sind die Kommissionen recht erfolgreich. In der Mehrzahl der Fälle wurde ein Aufenthaltsrecht gewährt, wenn die Härtefallkommission beschlossen hatte, ein Härtefallersuchen zu stellen. So hat Thüringens Härtefallkommission in den vergangenen zehn Jahren 659 von Abschiebung bedrohten Ausländern eine Aufenthaltserlaubnis ermöglicht. Diese Gremien sind den Innenministerien – in Baden-Württemberg dem Integrationsministerium – zugeordnet. Die Kommissionen sind recht unterschiedlich zusammengesetzt. In Niedersachsen sind beispielsweise neben dem Innenministerium ein Vertreter des Diakonischen Werks, der Flüchtlingsrat Hannover, eine Ärztin und die Landesbeauftragte für Migration und Teilhabe vertreten.

Ein vielleicht typischer Fall aus einer Härtefallkommission – oft geht es um Familien mit mehreren Kindern – sieht so aus: Der Kommission lag der Antrag einer Roma-Familie aus Serbien mit vier Kindern vor, von denen drei in Deutschland geboren sind. Die Familienmitglieder halten sich alle seit der Geburt bzw. viele Jahre in Deutschland auf – mit einer kurzen Unterbrechung im Jahr 2010, als die Familie in Belgien war. Im Laufe der Jahre wurden mehrere Asylanträge gestellt, die immer als offensichtlich unbegründet abgelehnt wurden. Eine wirtschaftliche Integration lag nach Einschätzung der Härtefallkommission nicht vor. Der Ehemann war nur sehr kurzfristig als Leiharbeiter beschäftigt. Auch die soziale Integration der Eheleute wurde als eher bescheiden eingeschätzt, da beide trotz des langen Aufenthalts nur über mäßige Deutschkenntnisse verfügten. Von den Lehrern wurden die Kinder jedoch als sehr ordentlich beurteilt. Da sich die Kinder erst in einem Alter von drei bis elf Jahren befanden, konnten sie nach Meinung der Kommission nicht von den Eltern getrennt werden. Auch eine Ausweisung zusammen mit den Eltern kommt – so die Härtefallkommission in ihrer Beurteilung – nicht in Betracht, weil sie nie in Serbien gelebt haben und Deutschland als ihre Heimat ansehen. Ohne die Kinder wäre der Antrag an die Härtefallkommission wahrscheinlich aussichtslos gewesen, aber die Eltern haben sich nach Ansicht der Kommission wie auch nach der Beurteilung der Lehrer stets um ihre Kinder gekümmert. Die Härtefallkommission sprach sich deshalb dafür aus, dass die Familie in Deutschland bleiben sollte, zumal die Zukunftsprognose für die Kinder als günstig eingeschätzt wurde. Die Familie durfte bleiben.

64. Wie verläuft die Abschiebung bzw. Ausweisung?

2014 wurden 8557 Abschiebungen auf dem Luftweg, 2301 Abschiebungen auf dem Landweg und 26 Abschiebungen auf dem Seeweg vollzogen. Am 2. Juli 2015 verschärfte der Bundestag gegen die Stimmen der Opposition das Ausweisungsrecht. Bisher galt ein dreistufiges System bei Ausweisungen: Fälle, die «zwingend» oder «im Regelfall» zur Ausweisung führen, sowie «Ermessensausweisungen». Dieses System fällt nun weg. Die Behörden sollen jetzt zwischen dem «Ausweisungsinteresse» des Staates z. B. bei kriminellem Verhalten eines Ausländers und dem «Bleibeinteresse» des Betroffenen etwa durch Berücksichtigung von Familienverhältnissen abwägen. Außerdem werden die Möglichkeiten ausgeweitet, Wiedereinreisesperren oder Aufenthaltsverbote zu verhängen. Das «Gesetz zur Neubestimmung des Bleiberechts und der Aufenthaltsbeendigung» nennt zahlreiche Kriterien, die dazu führen, dass Abschiebehaft angeordnet wird. Wer beispielsweise seine Identität verschleiert oder «erhebliche Geldbeträge» an Schleuser gezahlt hat, gilt als verdächtig, dass er sich einer Abschiebung entziehen will, und kann nun inhaftiert werden. Wenn eine Abschiebung angeordnet worden ist, der Ausländer aber im Verdacht steht, dass er sich dem entziehen will, soll er für maximal vier Tage in Gewahrsam genommen werden können, möglichst im Transitbereich eines Flughafens. Gegen Ausländer, die schon einmal ausgewiesen, zurückgeschoben oder abgeschoben wurden, kann ein befristetes Einreiseverbot verhängt werden. Flüchtlingshilfsorganisationen befürchten, dass das neue Gesetz zu einer massenhaften Inhaftierung in Abschiebegefängnissen führt. Bundesinnenminister Thomas de Maizière verteidigte die Novelle als «rechtsstaatlichen Fortschritt». Problematisch erscheint vor allem, dass jetzt Flüchtlinge inhaftiert werden können, die mit Hilfe von Schleusern einreisen. Dies trifft für die Mehrzahl der Asylbewerber zu, weil ihnen legale Einreisewege verbaut sind. Es bleibt abzuwarten, wie sich die neuen Bestimmungen in der Praxis auswirken werden und ob sie einer Überprüfung durch Gerichte standhalten.

VII. Arbeitsmigranten: Recht und Aufenthalt

65. Was steht im Zuwanderungsgesetz? In den Jahren 2001 bis 2004 entwickelte sich in Deutschland eine kontroverse und bisweilen dramatisch zu nennende Debatte um das Zuwanderungsgesetz. Mit großer Mehrheit verabschiedete der Bundestag schließlich nach langem Hin und Her am 1. Juli 2004 einen Kompromiss und das entsprechende Gesetz. Das in der Öffentlichkeit als Zuwanderungsgesetz bezeichnete Reformwerk stand von Anfang an unter der Überschrift «Gesetz zur Steuerung und Begrenzung der Zuwanderung und zur Regelung des Aufenthalts und der Integration von Unionsbürgern und Ausländern (Zuwanderungsgesetz)». Zur Klarstellung wurde im Vermittlungsverfahren auf Wunsch der Unionsparteien im § 1 («Zweck des Gesetzes») die Formulierung aufgenommen, dass das Gesetz Zuwanderung «unter Berücksichtigung der Aufnahme- und Integrationsfähigkeit» ermöglicht und gestaltet. Die ursprüngliche Forderung der Union – «unter Berücksichtigung der nationalen Interessen und der nationalen Identität» – wurde allerdings nicht im Gesetz verankert. Ob im Ergebnis der langwierigen Verhandlungen das von der rot-grünen Bundesregierung und Innenminister Otto Schily (SPD) angekündigte «modernste Zuwanderungsrecht Europas» steht, erscheint fraglich. Für viele Beobachter war am Ende als Allparteienkompromiss eher der kleinste gemeinsame Nenner geblieben, auch wenn das Gesetz immer noch besser bewertet wird als der frühere Zustand.

Das Zuwanderungsgesetz besteht aus dem Aufenthaltsgesetz und dem EU-Freizügigkeitsgesetz. Es enthält eine komplette Novellierung des Ausländerrechts, das – so wurde immer wieder kritisiert – selbst von Rechtsanwälten nicht mehr zu durchschauen war. Statt fünf Aufenthaltstiteln gibt es jetzt nur noch zwei: eine (befristete) Aufenthaltserlaubnis und eine (unbefristete) Niederlassungserlaubnis. Ein neues Bundesamt für Migration und Flüchtlinge (BAMF) wurde geschaffen, das aus dem bisherigen Bundesamt für die Anerkennung ausländischer Flüchtlinge in Nürnberg hervorging.

Gestrichen wurde allerdings der § 76 («Sachverständigenrat für Zuwanderung und Integration»). Dieser vom Bundesinnenminister eingerichtete Zuwanderungsrat hatte sich bereits im Mai 2003 unter dem Vorsitz von Rita Süssmuth konstituiert. Nach dem Gesetzentwurf sollte der Zuwanderungsrat einen den «Wirtschaftsweisen» vergleichbaren Stellenwert bekommen. Sang- und klanglos wurde dieses wichtige Gremium allerdings zu Grabe getragen, nachdem es seinen ersten Bericht veröffentlicht und vorgeschlagen hatte, in stark begrenztem Umfang Zuwanderung zuzulassen. Dadurch war der Expertenkreis beim Bundesinnenminister offensichtlich in Ungnade gefallen.

Zum ersten Mal wird durch das Zuwanderungsgesetz ein Integrationsanspruch für Neuzuwanderer eingeführt. Wer nicht an den Integrationskursen teilnimmt, muss mit aufenthaltsrechtlichen Sanktionen rechnen. Sogenannte Bestandsausländer – solche also, die schon länger in Deutschland leben – können zu Kursen verpflichtet werden, wenn sie das Arbeitslosengeld II beziehen, besonders integrationsbedürftig sind und Plätze zur Verfügung stehen. Bei Verletzung der Teilnahmepflicht sollen die Sozialleistungen gekürzt werden. Die Kosten der Integrationskurse trägt der Bund.

Unter dem Eindruck der Terroranschläge in Madrid am 11. März 2004 wurden im Vermittlungsverfahren umfangreiche Vorschläge der Unionsparteien zu Sicherheitsaspekten aufgenommen. Zur Verwirklichung der Freizügigkeit in der Europäischen Union (EU) schafft das Gesetz die Aufenthaltserlaubnis für Unionsbürger ab. Künftig besteht nur noch – wie für Deutsche – eine Meldepflicht bei den Behörden.

Bei Familienangehörigen von Spätaussiedlern wurde der Nachweis über Grundkenntnisse der deutschen Sprache als Voraussetzung für die Einbeziehung in den Aufnahmebescheid eingeführt, wodurch die Zugangszahlen in diesem Bereich weiter verringert werden sollten.

Nach anderthalb Jahren wurde vom Bundesinnenministerium ein Erfahrungsbericht zum Zuwanderungsgesetz vorgelegt. In dem Bericht zur Evaluierung des Gesetzes kommt das Ministerium zu dem Ergebnis, «dass sich das Zuwanderungsgesetz grundsätzlich bewährt hat und dass die mit ihm verfolgten Ziele erreicht» worden seien. Punktuell bestehe aber «Optimierungsbedarf». Eine Auswertung, die ihren Namen verdient, hat aber seither nicht stattgefunden.

2007 wurde das Zuwanderungsgesetz novelliert, um EU-Richtlinien umzusetzen. Die weitreichenden Änderungen brachten zum Teil auch Verschärfungen im Ausländerrecht sowie eine Altfallregelung für sogenannte Geduldete. Nachdem sie Bundestag und Bundesrat passiert hatte, trat die Novelle am 28. August 2007 in Kraft.

Kritik wurde vor allem an den Verschärfungen beim Familiennachzug geübt. Nach den Änderungen dürfen Ehepartner aus Nicht-EU-Ländern nur dann nach Deutschland nachziehen, wenn sie volljährig sind und bereits vor der Einreise einfache Deutschkenntnisse nachweisen können. Ausgenommen von dieser Regelung sind aber Staaten, deren Bürger ohne ein Visum nach Deutschland einreisen können.

Migrantenverbände, Politiker und Juristen kritisierten, dass damit der Gleichheitsgrundsatz der Verfassung verletzt sei und die neuen Bestimmungen sich vor allem gegen Türken richten würden. Verschiedene Verbände wie die Türkische Gemeinde in Deutschland boykottierten deshalb aus Protest den zweiten Integrationsgipfel im Juli 2007. Acht Jahre später nahm der Bundestag im Paragraph 30 des Aufenthaltsgesetzes eine allgemeine Härtefallklausel auf, wonach in Zukunft auf den Sprachnachweis verzichtet werden soll, wenn «es dem Ehegatten aufgrund besonderer Umstände des Einzelfalls nicht möglich oder nicht zumutbar ist, vor der Einreise Bemühungen zum Erwerb einfacher Kenntnisse der deutschen Sprache zu unternehmen». Der Bundesrat, der am 10. Juli 2015 diesem Gesetz zur Neubestimmung des Bleiberechts und der Aufenthaltsbeendigung, das am 1. August in Kraft trat, zustimmte, betonte in einer Entschließung, dass er an der Forderung nach Abschaffung des sogenannten Sprachnachweises vor Einreise beim Ehegattennachzug festhalte. Es sei auch aus integrationspolitischer Sicht sinnvoll, so der Bundesrat, die deutsche Sprache dort zu erlernen, wo sie auch im Alltagsleben verwendet wird, also in Deutschland. Es wird sich zeigen, ob die Härtefallklausel in der Praxis greift oder die Überprüfung des einzelnen Falles von vornherein realitätsfern ist.

Eine umfassende Evaluierung des Zuwanderungsgesetzes wäre dringend notwendig, denn die Lage ist wieder unübersichtlicher geworden. Zweck des Gesetzes sollte es sein, klare und einfache Aufenthaltsbestimmungen zu schaffen. Inzwischen ist es für Behörden und vor allem für die Betroffenen selbst immer schwieriger geworden, die verschiedenen Regelungen zu durchschauen. So gibt es nach der Feststellung von Gerda Kinateder, die in Stuttgart eine der größten Ausländerbehörden in Deutschland leitet, jetzt sage und schreibe 77 befristete und 15 unbefristete Aufenthaltstitel, also 92 verschiedene Bestimmungen, zum Beispiel aus familiären oder humanitären Gründen, zur Ausbildung oder zum Studium. Allein die Verwaltungsvorschriften zum Aufenthaltsgesetz umfassen 390 Seiten.

66. Was ist eine Aufenthaltserlaubnis? Ausländer, die nicht EU-Bürger sind, brauchen für die Einreise nach Deutschland grundsätzlich eine Erlaubnis. Ein Visum wird vor der Einreise von einer deutschen Auslandsvertretung ausgestellt. Die Aufenthaltserlaubnis wird nach der Einreise auf Antrag von der zuständigen Ausländerbehörde erteilt. Sie ist grundsätzlich befristet und kann nach den gesetzlichen Bestimmungen verlängert oder in eine unbefristete Niederlassungserlaubnis umgewandelt werden. Eine Aufenthaltserlaubnis bekommt man beispielsweise zum Zweck der Ausbildung, der Erwerbstätigkeit oder aus familiären Gründen.

67. Was ist eine Niederlassungserlaubnis? Die Niederlassungserlaubnis ist räumlich und zeitlich unbeschränkt und berechtigt zur Ausübung einer Erwerbstätigkeit. Um eine Niederlassungserlaubnis zu bekommen, muss man in der Regel seit fünf Jahren eine Aufenthaltserlaubnis besitzen und weitere Voraussetzungen erfüllen, z. B. über ausreichende Deutschkenntnisse verfügen und seinen Lebensunterhalt und den seiner Familienangehörigen eigenständig sichern können. Unter gewissen Umständen kann eine Niederlassungserlaubnis auch ohne zeitliche Voraussetzungen erteilt werden, z. B. für hochqualifizierte Zuwanderer.

68. Wer erhält Arbeit in Deutschland? Die Bestimmungen darüber, wer in Deutschland arbeiten darf, sind kompliziert und selbst für Fachleute teilweise schwer zu durchschauen. Der Sachverständigenrat deutscher Stiftungen für Integration und Migration (SVR) hat sich die Mühe gemacht, eine Übersicht zu erstellen. Danach haben Bürger der EU auf jeden Fall das Recht, sich in der gesamten Europäischen Union zu bewegen und eine feste oder selbstständige Arbeit anzunehmen. Das Gleiche gilt für Familienangehörige, unabhängig von ihrer Staatsangehörigkeit. Das Recht auf Arbeitsaufnahme schließt das Recht zur Arbeitssuche ein.

Für zwei Drittel der in Deutschland lebenden Ausländer gilt das Aufenthaltsgesetz nur noch im Ausnahmefall, weil sie aus der EU kommen oder unter das Assoziationsabkommen mit der Türkei fallen. Türkische Arbeitnehmer, die schon dem Arbeitsmarkt eines Mitgliedstaates der EU angehören, genießen demnach Privilegien im Blick auf den Arbeitsmarktzugang und das Aufenthaltsrecht, was denjenigen der Unionsbürger nahekommt.

Die rechtlichen Rahmenbedingungen im Bereich der Arbeitsmigration wurden in den letzten Jahren deutlich liberalisiert. Die OECD (Organisation für wirtschaftliche Zusammenarbeit und Entwicklung) bescheinigt Deutschland, dass es zu den liberalsten unter den Industrieländern gehört. Für Nicht-EU-Ausländer (Drittstaatsangehörige) bestehen je nach Qualifikation unterschiedliche Bestimmungen. Hochqualifizierte können die sogenannte Blue Card beantragen. Die Zuwanderung von Personen ohne qualifizierte Berufsausbildung ist dagegen nur sehr begrenzt und befristet zugelassen. Vor der Einreise muss ein konkretes Arbeitsplatzangebot vorliegen. Außerdem ist im Allgemeinen eine Zustimmung der Bundesagentur für Arbeit notwendig. Drittstaatsangehörige, die zur Ausübung einer Erwerbstätigkeit nach Deutschland kommen dürfen, können ihre Ehepartner und minderjährige Kinder mitbringen. Für die Familienangehörigen besteht auch ein unbeschränkter Zugang zum Arbeitsmarkt.

Bei den Un- bzw. Niedrigqualifizierten handelt es sich meistens um Saisonarbeitskräfte im Hotel- und Gaststättengewerbe oder in der Land- und Forstwirtschaft. Die Aufenthaltserlaubnis für Saisonarbeitskräfte beträgt maximal sechs Monate. Für Personen mit Berufsausbildung bestehen Zuzugsmöglichkeiten, falls in Deutschland in dieser Sparte Fachkräfte fehlen. Aber auch bei diesen Mangelberufen besteht nur eine begrenzte Möglichkeit zur Arbeitsaufnahme.

Flüchtlinge durften in Deutschland lange Zeit gar nicht arbeiten, waren zur Untätigkeit bzw. Wartezeiten gezwungen. Das wurde inzwischen gelockert. Nach einer Verabredung zwischen Bund und Ländern wird der Zugang zum Arbeitsmarkt für Asylbewerber und geduldete Ausländer weiter erleichtert. Jetzt können sie bereits nach drei Monaten arbeiten. In bestimmten Fällen entfällt die sogenannte Vorrangprüfung. Die Bundesanstalt für Arbeit durfte bisher einer Beschäftigung von Asylbewerbern und Geduldeten nur unter ganz bestimmten Voraussetzungen zustimmen. Für das konkrete Stellenangebot durften keine deutschen Arbeitnehmer, EU-Bürger oder ihnen rechtlich gleichgestellte Ausländer zur Verfügung stehen. Durch die Beschäftigung durften sich darüber hinaus keine nachteiligen Auswirkungen auf den Arbeitsmarkt ergeben. Diese Vorrangprüfung entfällt nun für Hochschulabsolventinnen und -absolventen in Engpassberufen. Das gilt auch für Fachkräfte, die eine anerkannte Ausbildung für einen Engpassberuf nach der sogenannten Positivliste der Bundesagentur für Arbeit haben beziehungsweise an einer Maßnahme für die Berufsanerkennung teilnehmen. Flüchtlinge, die sich seit 15 Monaten ununterbrochen erlaubt, geduldet oder mit einer Aufenthaltsgestattung in Deutschland befinden, profitieren ebenfalls davon. Diese Neuregelung ist zunächst auf drei Jahre befristet. Die Bundesregierung will anschließend unter der Berücksichtigung der Arbeitsmarktsituation über eine Verlängerung entscheiden. Mit dem «Gesetz zur Neubestimmung des Bleiberechts und der Aufenthaltsbeendigung», das am 2. Juli 2015 vom Bundestag verabschiedet wurde, soll die Berufsausbildung von Flüchtlingen verbessert werden. Junge Ausländer, die in Deutschland nur geduldet werden, sollen eine Duldung für die gesamte Dauer ihrer Ausbildung erhalten. Nach der Ausbildung sollen sie außerdem noch genügend Zeit erhalten, um sich einen Arbeitsplatz zu suchen. Der Vorschlag, ihnen nicht nur eine Duldung, sondern bereits eine Aufenthaltsgenehmigung zu geben, wurde abgelehnt. Auf jeden Fall mangelt es immer noch an der beruflichen Förderung junger Flüchtlinge. Nur Bayern, oft für seine Ausländerpolitik gescholten, hat 2011 eine Berufsschulpflicht für junge Flüchtlinge eingeführt und ein entsprechendes Unterrichtskonzept entwickelt.

69. Was ist die Green Card bzw. Blue Card? Personen mit Hochschulabschluss erhalten eine großzügige Einreisemöglichkeit nach Deutschland. Um ausländische Fachleute ins Land zu holen, hatte die Bundesregierung bereits im Februar 2000 die sogenannte Green Card für Computerspezialisten eingeführt. Der Erfolg hielt sich jedoch in Grenzen: Bis zum Ende der Regelung 2004 wurden rund 18 000 Green Cards erteilt, womit nicht einmal die angepeilte Grenze von 20 000 erreicht wurde. Kein Wunder, denn Deutschland konkurriert auf dem internationalen Arbeitsmarkt mit klassischen Einwanderungsländern wie den USA oder Kanada, die bessere Bedingungen bieten und schon aufgrund der englischen Sprachkenntnisse für die begehrten Spezialisten attraktiver sind. Im Jahre 2012 führte Deutschland schließlich eine Blue Card ein, wobei es sich um nichts anderes als um die überfällige Umsetzung der Hochqualifiziertenrichtlinie der EU handelte. Der Begriff Blue Card ist eine Anspielung auf die Green Card in den USA mit Bezug zum Blau der EU-Fahne. Mit ihr haben die Länder der Europäischen Gemeinschaft zum ersten Mal einen gemeinsamen Aufenthaltstitel für Hochqualifizierte aus Ländern geschaffen, die sich außerhalb der Europäischen Union befinden. Mit dieser Karte können Drittstaatsangehörige, die einen Hochschulabschluss oder eine vergleichbare Qualifikation besitzen, einen Aufenthaltstitel erhalten, mit dem sie einer ihrer Qualifikation angemessenen Beschäftigung nachgehen können.

Die sogenannte Blue Card wird bei erstmaliger Erteilung auf höchstens vier Jahre befristet. Voraussetzung sind: Deutscher oder anerkannter ausländischer oder vergleichbarer ausländischer Hochschulabschluss, Vorlage eines Arbeitsvertrages oder eines verbindlichen Arbeitsplatzangebotes, grundsätzlich Nachweis eines jährlichen Mindestbruttogehalts von 48 400 Euro. Für Naturwissenschaftler, Mathematiker und Ingenieure oder Ärzte gilt eine niedrigere Gehaltsgrenze von 37 752 Euro. Dem Inhaber einer Blue Card kann unter gewissen Voraussetzungen eine unbefristete Niederlassungserlaubnis erteilt werden. Familienangehörige dürfen unter bestimmten Bedingungen nachziehen.

Ende September 2014 lebten insgesamt 18 832 Ausländer mit einer Blue Card in Deutschland. Rund 46 Prozent arbeiteten in sogenannten Mangelberufen, wie Ingenieure oder Ärzte. Die meisten wurden 2013 für Staatsangehörige aus Indien (22 Prozent), Russland (9,6 Prozent) und den USA (6,8 Prozent) erteilt. Knapp zwei Drittel der Inhaber (13 076 Personen) haben zum ersten Mal eine hochqualifizierte Beschäftigung in Deutschland aufgenommen. Davon waren 8570 Personen neu zugewandert. Die restlichen 4506 hatten bereits in Deutschland ein Studium bzw. eine Aus- oder Weiterbildung absolviert. 3055 Ehepartner und 1853 Kinder bekamen eine Aufenthaltserlaubnis, um mit den Inhabern der Blue Card nach Deutschland zu kommen.

In Deutschland ist die Blue Card offensichtlich ein Erfolg, «in Europa aber ein Flop», wie es der Sachverständigenrat deutscher Stiftungen für Integration und Migration (SVR) in seinem Jahresgutachten 2015 ausdrückt. Von zehn in Europa vergebenen Blue Cards stammen neun aus Deutschland. Andere Staaten hätten diese Karte zwar pflichtgemäß umgesetzt, sie aber gegenüber ihren nationalstaatlichen Anwerbeinstrumenten zurückgestellt oder vollständig ignoriert. Die mit der Verabschiedung der Blue Card verbundene Absicht – so der SVR weiter –, Europa als Einwanderungskontinent auch für Arbeitsmigranten zu stärken, sei damit vereitelt worden.

70. Wie erwirbt man die deutsche Staatsangehörigkeit? Der Satz «Deutschland ist kein Einwanderungsland» aus der Verwaltungsvorschrift zum Reichs- und Staatsangehörigkeitsgesetz von 1913 galt in der Bundesrepublik noch uneingeschränkt bis zum Jahre 1990 und bestimmte die Praxis der Einbürgerungsbehörden.

Deutscher konnte nur werden, wer von deutschen Eltern abstammte. In Anlehnung an Kaiser Wilhelms Zeiten war es offizielle Politik, die Zahl der Staatsangehörigen nicht durch Einbürgerungen zu steigern. Es sollte zur Jahrtausendwende dauern, bis Deutschland vom Abstammungsprinzip (Ius sanguinis – «Recht des Blutes») abrückte, wonach die Staatsangehörigkeit von den Eltern abgeleitet wurde. Kern der Reform ist die Einbürgerung durch das Geburtsrecht (Ius soli – «Recht des Bodens, Landes»), wonach die Staatsangehörigkeit vom Geburtsort bzw. -land bestimmt wird. Das Staatsangehörigkeitsrecht aus dem Jahr 1913 wurde damit zumindest teilweise zu Grabe getragen. Außerdem wurde die Einbürgerung dadurch erleichtert, dass die vorausgesetzte Aufenthaltsdauer in Deutschland von 15 auf acht Jahre verkürzt wurde.

Mit der Reform wurde die sogenannte Optionspflicht eingeführt. Kinder von ausländischen Eltern erhalten danach mit der Geburt die deutsche und die ausländische Staatsangehörigkeit. Allerdings müssen sie sich mit dem 18. Geburtstag entscheiden, welche Staatsangehörigkeit sie auf Dauer behalten wollen. Wenn sie bis zum 23. Geburtstag nicht reagiert haben, verlieren sie automatisch die deutsche Staatsbürgerschaft. Dies wurde 2014 geändert. Es entfällt diese Regelung für Kinder, die «in Deutschland geboren und aufgewachsen sind». Zu diesem Personenkreis zählen Kinder von Einwanderern, die acht Jahre in Deutschland gelebt haben, sechs Jahre in Deutschland zur Schule gegangen sind oder einen Schul- oder Berufsabschluss in Deutschland erworben haben. Das Bundesinnenministerium schätzt, dass die neue Optionspflicht für über 90 Prozent der Betroffenen entfällt, ohne dass sie mit Behörden in Kontakt treten müssen. Falls keine entsprechenden Informationen aus dem Melderegister vorliegen, muss die Behörde die Voraussetzungen nach dem 21. Geburtstag prüfen. Unklar ist, wie viele optionspflichtige Kinder unter Umständen nicht «in Deutschland aufgewachsen» sind und wie das genau festgelegt wird. Wer die neuen Kriterien nicht erfüllt, muss sich auch künftig für einen Pass entscheiden oder einen Antrag auf – wie es im Amtsdeutsch heißt – «Beibehaltungsgenehmigung» stellen. Die Neuregelung schafft die Optionspflicht also nicht ab, sondern verändert sie nur, ist mit einem unnötigen bürokratischen Aufwand verbunden, ohne ein richtungsweisendes Signal in Richtung Integration zu senden. Unter die Optionspflicht fielen bis einschließlich 2013 rund 540 000 Jugendliche.

Noch immer gilt in Deutschland: Mit dem Erwerb der deutschen Staatsangehörigkeit muss die alte aufgegeben werden. Erklärtes Ziel der Politik ist es nach wie vor, Doppelstaatler zu vermeiden. Trotzdem gibt es in der Praxis über vier Millionen Menschen in Deutschland, die zwei Pässe haben. Dazu gehören unter anderem die Spätaussiedler aus Russland, bei denen beide Pässe in Kauf genommen wurden, sowie eine Million Kinder mit einem deutschen und einem ausländischen Elternteil. Auch die rund eine halbe Million Optionskinder zählen dazu. Man schätzt, dass fast die Hälfte aller Einbürgerungen seit einigen Jahren unter «Hinnahme der Mehrstaatigkeit» stattfindet. Manche Länder, wie der Iran oder Tunesien, entlassen ihre Landsleute prinzipiell nicht aus der Staatsbürgerschaft, so dass Deutschland in diesen Fällen Mehrstaatlichkeit in Kauf nimmt. Personen aus einem Staat der Europäischen Union dürfen ebenfalls Doppelstaatler werden, so darf jemand die griechische und die deutsche Staatsangehörigkeit besitzen. Vor allem sind die Einwanderer und Einwanderinnen, die als Arbeitskräfte aus der Türkei angeworben wurden und jetzt in Rente gehen, von der Reform des Staatsbürgerschaftsrechts ausgeschlossen. Aydan Özuğuz, die Staatsministerin im Kanzleramt und Beauftragte für Migration, Flüchtlinge und Integration, das erste Kabinettsmitglied mit türkischen Wurzeln, kritisiert: «Die einstigen Gastarbeiter profitieren von der großzügigeren Doppelpass-Regelung gar nicht – obwohl auch sie es waren, die unser Land mit aufgebaut haben. Es wäre eine großartige Geste, diesen Menschen bei der Einbürgerung ihre alte Staatsangehörigkeit zu lassen. Davon könnten bis zu eine Million ehemalige Gastarbeiter profitieren. Mein Vater würde auch mit 88 Jahren noch gern Deutscher werden. Aber seinen türkischen Pass will er trotzdem behalten. Es ist doch absurd, dass wir uns dagegen sperren.»

Sicher ist, dass man seine Staatsangehörigkeit nicht «wie ein Hemd» wechselt, vielmehr ist dieses Thema stark mit Emotionen besetzt. Die Zahl der Einbürgerungen lässt sich dennoch mit Einbürgerungsfeiern, die dem Anlass gerecht werden, durch Anschreiben von Spitzenpolitikern und Kampagnen steigern, wie entsprechende Erfahrungen aus Hamburg oder Stuttgart belegen. Von 2000 bis Ende 2013 wurden rund 1,8 Millionen Menschen eingebürgert. Zurzeit ist die Einbürgerungstendenz rückläufig. Zwar wurden im Laufe des Jahres 2014 in Deutschland 108 420 Ausländerinnen und Ausländer eingebürgert. Das sind aber 3,5 Prozent weniger als im

Jahr zuvor und 2 Prozent weniger als im Durchschnitt der letzten zehn Jahre.

71. Was ist der Einbürgerungstest? Zum 1. September 2008 wurde ein bundeseinheitlicher Einbürgerungstest eingeführt. Dieser kann bei über 560 vom Bundesamt für Migration und Flüchtlinge (BAMF) zugelassenen Prüfstellen in Deutschland, vor allem bei Volkshochschulen, abgelegt werden. Die Teilnehmerinnen und Teilnehmer müssen dafür eine Kostenpauschale von 25 Euro entrichten. Das Bundesamt sendet nach der Testteilnahme dem Einbürgerungswilligen die Bescheinigung des Ergebnisses zu. Der Einbürgerungstest ist ein reiner Wissenstest. Die Fragen bewegen sich sprachlich auf dem Niveau B1 des Gemeinsamen Europäischen Referenzrahmens für Sprachen, damit eine erfolgreiche Teilnahme nicht an fehlenden Sprachkenntnissen scheitert, so das BAMF in seiner Erklärung. Der Einbürgerungstest enthält 33 Fragen mit jeweils vier Antwortmöglichkeiten, von denen nur eine richtig ist. Die Teilnehmer müssen 17 der 33 Fragen richtig beantworten. An der Humboldt-Universität zu Berlin wurden ein Fragenkatalog mit 300 bundesweit einsetzbaren Aufgaben sowie länderspezifische Aufgabenkataloge mit je zehn Aufgaben entwickelt. In jedem Bundesland gibt es 100 unterschiedliche Testfragebögen, die gewährleisten sollen, dass kein Teilnehmer einer Prüfungsgruppe den gleichen Fragebogen erhält. Opposition, Migrantenverbände und andere Interessengruppen lehnten den Test als unnötig und diskriminierend ab. Es werde ein Wissen abverlangt, über das die meisten Deutschen wohl erst nach einen Semester Staatsrecht verfügten, kritisierte unter anderem Bündnis 90 / Die Grünen. Außerdem wurden die teilweise missverständlichen Fragen und fehlerhaften Antwortvorgaben bemängelt. Beispielsweise erklärte der Test, dass ein Mieter seinen Vermieter jederzeit in die Wohnung lassen müsse, wenn dieser es verlange. Der Deutsche Mieterbund bestätigte, dass es ein solches generelles Recht des Vermieters nicht gibt. In einer ersten Bilanz teilte das Bundesamt für Migration und Flüchtlinge im Dezember 2008 mit, dass in den ersten beiden Monaten seit der Einführung des Tests rund 98 Prozent der fast 9000 Einbürgerungsbewerber den Test bestanden hätten. Eine Kontroverse löste vor allem der ergänzende Gesprächsleitfaden für Einbürgerungsbehörden in Baden-Württemberg aus, mit dem die Einstellung vor allem von Muslimen, die die deutsche Staatsangehörigkeit beantragt hatten, zur freiheitlichen demokratischen Grundordnung der Bundesrepublik Deutschland überprüft werden sollte. Der Gesprächsleitfaden, der als «Gesinnungstest» für Muslime unter Kritik stand, wurde 2011 von Integrationsministerin Bilkay Öney abgeschafft.

72. Wie ist der Familiennachzug geregelt? Der Begriff Familienzusammenführung wird oft synonym mit Familiennachzug verwendet. Viele Migranten haben Schwierigkeiten, ihre Familienangehörigen nachzuholen, auch wenn Ausländern grundsätzlich der Familiennachzug gestattet wird, sofern keine Zweck- oder Zwangsehe vorliegt. In der Bundesrepublik flammte seit Anfang der 1980er Jahre immer wieder die Diskussion darüber auf, wie der Familiennachzug eingeschränkt werden könne. So empfahl die Bundesregierung 1981 im Rahmen ihrer «Begrenzungspolitik» den Ländern, das Nachzugsalter von 18 auf 16 Jahre zu senken. Außerdem wurden damals die Wohnraumrichtlinien für den Familiennachzug verschärft. In Baden-Württemberg mussten Ausländer zwölf Quadratmeter pro Familienmitglied nachweisen, unabhängig davon, ob es im Heimatland lebte oder nicht – eine Voraussetzung, die seinerzeit nach Angaben des Bundesbauministeriums 1,2 Millionen Deutsche nicht erfüllen konnten. Kirchen und ihre Wohlfahrtsverbände versuchten damals, diese Einschränkungen der Familienzusammenführung zu verhindern. So schrieb der Referent der Deutschen Bischofskonferenz für Ausländerfragen, Bischof Hermann Wittler, 1981 an den Bundeskanzler und wies darauf hin, dass die geplanten Maßnahmen gegen grundlegende Rechte der Familie verstoßen würden: «... gegen Menschenwürde, gegen das Recht auf Heirat und Familiengründung sowie gegen das Recht der Eltern ihre Kinderzahl zu bestimmen, sie zerstören das in die Zusagen von Integration gesetzte Vertrauen der Ausländer ... Eine wachsende Ausländerfeindlichkeit darf sich nicht in ausländerfeindlichen Gesetzen niederschlagen.»

1982 sprach sich die CDU/CSU-Bundestagsfraktion in einem Entschließungsantrag zur Ausländerpolitik dafür aus, dass die Familienzusammenführung in erster Linie durch die Förderung der Rückkehr in die Heimat bewirkt werden solle. Immer wieder wurde gefordert, das Nachzugsalter auf sechs Jahre zu senken. Dabei waren es bei der Debatte um das Zuwanderungsgesetz in den Jahren 2002/03 gerade nur noch bundesweit 12 000 Kinder, die von einer

Herabsetzung dieser Altersgrenze betroffen gewesen wären. Bereits 1985 stellte das Sozialministerium in Stuttgart fest, dass sich «eine Komplettierung der türkischen Kleinfamilien» vollzogen habe und dass das Nachzugspotential für Ausländerkinder damit praktisch erschöpft sei. Im Bundesrat forderte Baden-Württemberg noch im Jahr 2001, das Nachzugsalter auf drei Jahre zu senken. Bei der Verabschiedung des Zuwanderungsgesetzes blieb es dann erstaunlicherweise bei der geltenden Rechtslage.

Der jahrzehntelange Streit ist also beigelegt. Inzwischen enthalten die Richtlinien der Europäischen Union zwingende Vorgaben zur Familienzusammenführung von Drittstaatsangehörigen oder Unionsbürgern. Außerdem verpflichten internationale Menschenrechtskonventionen Deutschland, das Familienleben zu achten. Schließlich enthält auch das Grundgesetz ein Grundrecht auf Schutz der Familie, auf das sich Einwanderer berufen können. Das Aufenthaltsgesetz privilegiert jetzt z. B. den Familiennachzug von Hochqualifizierten oder Asylberechtigten gegenüber dem Familiennachzug von Niedrigqualifizierten, Studierenden oder Flüchtlingen, die keinen dauerhaften Aufenthaltstitel haben. Fachkräfte und Hochqualifizierte müssen nicht unbedingt deutsche Sprachkenntnisse nachweisen. Diese Ausnahmen gelten im Wesentlichen für Ehepartner mit akademischer Bildung, Ehepartner von Hochqualifizierten und Inhaber der Blue Card (offiziell Blaue Karte EU) sowie für Angehörige bestimmter Staaten. Darüber gab es 2007 nochmals eine Debatte, als die Nachzugsregelungen für Ehepartner verschärft wurden und diese Maßnahmen als ein «Gesetz gegen Türken» kritisiert wurden. Ehepartner aus der Türkei, die nachziehen wollen, müssen Deutschkenntnisse nachweisen, während diese Bestimmung für Ehepartner beispielsweise aus den USA oder Japan nicht gelten.

73. Was beinhaltet das Anerkennungsgesetz? Insgesamt haben rund 2,9 Millionen Menschen ihren Beruf im Ausland gelernt, deren Qualifikationen jedoch nicht automatisch anerkannt werden. Die Betroffenen können deshalb ihren Beruf in Deutschland nicht ausüben. Lange Zeit blieben solche Möglichkeiten ungenutzt. Es ging schon der Witz um in Deutschland: «Das Beste, was einem passieren kann, ist ein Herzinfarkt im Taxi, weil der Taxifahrer meistens ein Arzt ist.» Mit dem «Gesetz zur Verbesserung der Feststellung und Anerkennung im Ausland erworbener Berufsqualifikationen» – kurz «Anerkennungsgesetz» –, das am 1. April 2012 in Kraft trat, wurde teilweise Abhilfe geschaffen. Migranten haben jetzt einen Anspruch darauf, ihre Diplome überprüfen und anerkennen zu lassen. Nach Angaben des Statistischen Bundesamtes wurden seit in Kraft treten des Gesetzes bis Ende 2013 insgesamt rund 26 500 Anträge auf Anerkennung gestellt. Im Jahre 2013 wurde der überwiegende Teil (75 Prozent), als gleichwertig anerkannt. Besonders groß war das Interesse bei den medizinischen Gesundheitsberufen, vor allem bei Ärztinnen und Ärzten, Krankenpflegerinnen und Krankenpflegern. Die Anerkennung vieler Berufe, wie Lehrer oder Sozialarbeiter, liegen im Zuständigkeitsbereich der Bundesländer. Eigene Gesetze dafür hatten bis zum Jahr 2014 insgesamt 13 Bundesländer verabschiedet. Den Jahrestag des dreijährigen Jubiläums des Gesetzes nahm die Bundesregierung im April 2015 zum Anlass, ein neues Projekt zu starten, mit dem die Berufsanerkennung für Flüchtlinge erleichtert werden soll. Flüchtlinge, die eine qualifizierte Berufsausbildung haben, aber dies nicht mehr mit Unterlagen nachweisen können, sollen damit eine Chance bekommen.

VIII. Kontroversen und Konflikte in Politik und Gesellschaft

74. War die Gastarbeiteranwerbung ein Fehler? Rückblickend hat sich die Anwerbung ausländischer Arbeitskräfte für Deutschland «gelohnt». Zwischen 1960 und 1970 gelang rund 2,3 Millionen Deutschen in einer Art Fahrstuhleffekt der Aufstieg von Arbeiter- in Angestelltenpositionen, weil die vielen ausländischen Arbeitskräfte, die zu jener Zeit ins Land geholt wurden, in der Hierarchie der deutschen Unternehmen ganz unten einstiegen. Nach Angaben des Bundesarbeitsministeriums verringerte sich auch die Arbeitszeit der deutschen Arbeitnehmer, da auf einmal genug Personal da war, um die anfallende Arbeit zu leisten. Das wirtschaftliche Wachstum, das im Nachkriegsdeutschland der 1950er Jahre eingesetzt hatte, schritt in den 1960er Jahren ungebremst voran. Dieses sogenannte Wirtschaftswunder ebenso wie der Aufbau der Sozialsysteme wären ohne die «Gastarbeiter» nicht möglich gewesen.

1971 war eine Situation eingetreten, in der die Beiträge zur staatlichen Rentenversicherung deutlich hätten erhöht werden müssen – wenn nicht auch die ausländischen Arbeitnehmer eingezahlt hätten, und zwar ohne bereits in entsprechendem Umfang Leistungen in Anspruch zu nehmen. Den von den ausländischen Arbeitnehmerinnen und Arbeitnehmern in die Rentenversicherung eingezahlten Beträgen stand nur rund ein Zehntel an Leistungen gegenüber. Die Rentenversicherung wurde also lange Zeit von den ausländischen Arbeitskräften geradezu subventioniert. Das «Rentenloch», damals schon beklagt, wäre ohne diese Beiträge nicht zu stopfen gewesen. Sich heutzutage noch darüber zu streiten, ob die Anwerbung von Gastarbeitern ein Fehler war, ist auch insofern müßig, als durch die Ausländerbeschäftigung ein Einwanderungsprozess stattgefunden hat, der nicht mehr rückgängig zu machen ist.

75. Was denkt die Mehrheitsgesellschaft über Einwanderung und Asyl? Für die Deutschen hat das Thema Zuwanderung einen hohen Stellenwert. Im Politbarometer von ZDF und Tagesspiegel vom April 2015 nannten 49 Prozent der Befragten den Themenkomplex «Ausländer, Flüchtlinge und Integration» als wichtigstes Problem in Deutschland – so viele wie seit 20 Jahren nicht mehr. Die Arbeitslosigkeit lag mit nur elf Prozent auf dem zweiten Platz. Nach dieser

Umfrage vertritt die Mehrheit – 78 Prozent – die Auffassung, dass Deutschland ein Einwanderungsland ist. Nur 18 Prozent sind nicht dieser Ansicht. Eine internationale Umfrage der Gesellschaft für Konsum-, Markt- und Absatzforschung (GfK) vom Juli 2015 bestätigt: Erstmals seit 22 Jahren steht nicht Arbeitslosigkeit an erster Stelle, wenn es um die Sorgen der Deutschen geht, sondern Zuwanderung ist jetzt für über ein Drittel die dringendste Aufgabe. Einer steigenden Anzahl der Befragten geht es dabei vor allem um bessere Integration und die Bekämpfung der Ausländerfeindlichkeit. Zum Meinungsbild über Einwanderung und Asyl gibt es eine ganze Menge von Befragungen und Untersuchungen, die sich teilweise widersprechen und zu unterschiedlichen Ergebnissen kommen. Die meisten Deutschen bejahen alles in allem Vielfalt und fordern gleiche Rechte auch für Angehörige von Minderheiten. Rechtsextreme und ausländerfeindliche Einstellungen sind zwar zurückgegangen. Gleichzeitig sind aber Ressentiments und Vorurteile gegen Asylbewerber, Muslime sowie Sinti und Roma deutlich gestiegen. Mehr als die Hälfte teilte bei einer Befragung die Auffassung, dass Sinti und Roma zu Kriminalität neigen. 31 Prozent stimmten der Aussage zu, sie hätten Probleme damit, falls sich Sinti und Roma in ihrer Gegend aufhielten. Aber genauso viele (32 Prozent) gaben an, dass sie sich gut vorstellen könnten, Roma als Nachbarn zu haben.

Nach einer Untersuchung der Universität Bielefeld äußerte mehr als jeder Fünfte in Deutschland starke Vorurteile und Ablehnung gegenüber Asylbewerbern, Sinti und Roma sowie Muslimen. Eine Studie der Antidiskriminierungsstelle des Bundes kommt zu ähnlichen Ergebnissen: 23 Prozent bezeichnen Asylbewerber als fremd und problematisch in ihrem Verhalten. 41 Prozent sagten, Asylbewerber würden Feindseligkeit provozieren. Eine Untersuchung der Universität Leipzig stellte sogar noch höhere Ablehnungswerte fest.

Positive Ergebnisse liefert dagegen eine Befragung im Auftrag des German Marshall Funds. Danach stehen zwei Drittel der Deutschen den Themen Migration und Integration positiv und offen gegenüber. Jeder Dritte ist der Meinung, dass die Regelungen gegenüber Flüchtlingen gelockert werden sollten, was einen Spitzenwert im Vergleich zu anderen Ländern in Europa darstellt. Nach einer anderen Studie befürwortet fast jeder Zweite (47 Prozent) die wachsende Vielfalt im Land. 36 Prozent der Bevölkerung in Deutschland wollen eine stärkere Willkommensstruktur – 31 Prozent sind dagegen. Das Integrationsbarometer im Sachverständigenrat deutscher Stiftungen für Integration und Migration (SVR) spricht in seinem Jahresgutachten 2014 von einem anhaltend freundlichen Integrationsklima.

Das Thema Einwanderung und Asyl ist sehr stark von Emotionen geprägt. Die «gefühlte» Ausländerzahl ist oft viel höher als die tatsächliche. Die Ergebnisse von Meinungsumfragen werden gerade in diesem Bereich nicht selten schon von der Fragestellung beeinflusst. Wenn beispielsweise in der Frage schon «Meinung» enthalten ist, wie «Sind Sie nicht auch der Ansicht, dass zu viele Flüchtlinge zu uns kommen?», wirkt sich das natürlich auf das Ergebnis aus. Wenn zu Zeiten hoher Arbeitslosigkeit gefragt wurde, kam man zu ganz anderen Resultaten als in einer Zeit wirtschaftlichen Wohlstands. Sicher ist, dass das Meinungsspektrum gerade bei diesem Thema durch Politik und Medien im positiven wie im negativen Sinne beeinflusst werden kann.

Wie sieht nun die Stimmungslage unter den Migranten selbst aus? Nach Lebenszufriedenheit und Diskriminierung von Menschen mit Migrationshintergrund hat das Institut für Arbeitsmarkt und Berufsforschung gefragt. Danach hat insgesamt mehr als die Hälfte der Migranten schon Diskriminierungserfahrungen aufgrund ihrer Herkunft in Deutschland gemacht. Besonders oft wird von Diskriminierung bei der Arbeitsplatzsuche und durch Behörden berichtet. Auf der anderen Seite zeigt die Studie aber, dass sich die Lebenszufriedenheit von Migranten und Migrantinnen nicht von der Lebenszufriedenheit von Menschen ohne Migrationshintergrund unterscheidet.

76. Sind die meisten Einwanderer «Wirtschaftsflüchtlinge», findet eine Einwanderung in die Sozialsysteme statt? Die Unterstellung, Einwanderer – vor allem Flüchtlinge – würden in die Sozialsysteme einwandern, ist so alt wie die Ausländerbeschäftigung und wird immer wieder gerne, vor allem in Wahlkämpfen, wiederholt. So sagte der bayerische Ministerpräsident Franz Josef Strauß 1985: «Es strömen die Tamilen zu Tausenden herein. Und wenn sich die Situation in Neukaledonien zuspitzt, dann werden wir bald die Kanaken im Land haben.» Strauß warnte vor einer «Wohlstandsasylepidemie». Strauß wörtlich: «Wir können in Bayern nicht sagen: Kommt alle zu uns, die ihr mühselig und beladen seid, aus allen Ländern der Erde.» Dann würde man hier bald die Einwohnerzahl von China haben.

Ganz im Sinne dieser Tradition donnerte Bayerns Ministerpräsident und CSU-Parteichef Horst Seehofer beim politischen Aschermittwoch seiner Partei 2011: «Wir werden uns gegen Zuwanderung in deutsche Sozialsysteme wehren – bis zur letzten Patrone.»

Der Mythos von der «Armutsmigration» betraf viele Jahre lang die Flüchtlinge und Asylbewerber. Mit der Erweiterung der Europäischen Union um zwölf Mitgliedstaaten Mittel- und Osteuropas in den Jahren 2004 bis 2007 verlagerte sich die Befürchtung, Zuwanderer würden das deutsche Sozialsystem ausnutzen, auf diese. Bereits der Beitritt von Estland, Lettland, Litauen, Malta, Polen, der Slowakei, Slowenien, Tschechien, Ungarn und Zypern im Jahre 2004 löste solche Ängste aus. Mit dem EU-Beitritt Bulgariens und Rumäniens im Jahr 2007 – insbesondere mit der Herstellung der vollkommenen Personenfreizügigkeit zum 1. Januar 2014 – verstärkte sich in der öffentlichen Debatte ein «Schreckgespenst» der Armutsmigration. 2014/15 gerieten durch die steigenden Flüchtlingszahlen die Asylbewerber wieder in den Fokus. Um die Zuwanderer aus Bulgarien und Rumänien war es ruhiger geworden.

Die Daten und Fakten widerlegen auf jeden Fall den Mythos der Armutsmigration. So hat Deutschland von der Erweiterungsrunde 2004 wirtschaftlich stark profitiert. Die Zahlen belegen zunächst einmal, dass Deutschland in den folgenden Jahren keineswegs, wie so oft vermutet, Hauptzielland für Einwanderer aus Bulgarien und Rumänien war. Nur 11 Prozent der Bulgaren und Rumänen, die in andere EU-Länder ausgewandert sind, kamen nach Deutschland. Nach einer Studie des Instituts der Deutschen Wirtschaft (IW) zählen Rumänen und Bulgaren eindeutig zur «qualifizierten Zuwanderung». Fast jeder Vierte (24,5 Prozent) hat einen Hochschulabschluss. In der Gesamtbevölkerung in Deutschland sind es nur 19 Prozent Akademiker. Die Arbeitslosenquote dieser Einwanderer und der Anteil der Bezieher von Sozialleistungen liegen deutlich unter den Zahlen der ausländischen Gesamtbevölkerung in Deutschland. Was den Bezug von Kindergeld angeht, so bleiben sie sogar hinter den Quoten der Gesamtbevölkerung zurück. Oft werden «Roma» und «Armutszuwanderer» gleichgesetzt. Die Zuwanderung aus Bulgarien und Rumänien ist aber keine «Roma-Zuwanderung», denn es gibt keine belastbaren Zahlen darüber, wie sich der Anteil der Migranten aus diesen beiden Ländern von ihrem Bevölkerungsanteil in den Herkunftsländern unterscheidet.

Die in Deutschland lebenden Ausländer sorgen für ein erhebliches Plus in den Sozialkassen. Zu diesem Ergebnis kommt eine Untersuchung des Zentrums für Europäische Wirtschaftsforschung (ZEW) im Auftrag der Bertelsmann Stiftung vom November 2014. Die Menschen ohne deutschen Pass sorgten 2012 für einen Überschuss von 22 Milliarden Euro. Jeder Ausländer zahlt pro Jahr durchschnittlich 3300 Euro mehr Steuern und Sozialabgaben, als er an staatlichen Leistungen erhält. Das Plus pro Kopf ist nach dieser Studie in den vergangenen zehn Jahren um über die Hälfte gestiegen. Einwanderer entlasten die Rentenkasse und helfen den Fachkräftemangel zu beseitigen Für einen weiteren Anstieg seien bessere Bildungspolitik und eine gesteuerte Zuwanderung die wichtigsten Voraussetzungen. Zwei Drittel der Deutschen sind nach einer Umfrage der Bertelsmann Stiftung davon überzeugt, dass Zuwanderung die Sozialsysteme belaste. Die Stiftung macht deutlich, dass ihre Studie diese Auffassung widerlegt. Eine aktuelle Studie hat die Transferleistungen an von im Ausland und im Inland Geborenen in 16 europäischen Ländern verglichen. Ergebnis: Wenn man Personen aus der Mehrheitsgesellschaft mit der Zuwanderergruppe mit ähnlichen sozialen und ökonomischen Merkmalen vergleicht, bestehen keine Unterschiede mehr, was die Wahrscheinlichkeit von Transferbezug wie Sozialhilfe angeht. Auch was die Ansprüche von Unionsbürgern auf Sozialleistungen in Deutschland angeht, bestehen teilweise falsche Vorstellungen. So wird übersehen, dass EU-Bürger, die nach Deutschland kommen, in den ersten drei Monaten ihres Aufenthalts keinen Anspruch auf Sozialleistungen haben. Erwerbstätige behalten ihre Ansprüche im Fall einer unfreiwilligen Arbeitslosigkeit. Nicht-Erwerbstätige sind aber prinzipiell von allen Sozialhilfeleistungen ausgeschlossen.

Auch wenn die «Einwanderung in die Sozialsysteme» in den Bereich der Mythen und Legenden gehört, so darf nicht übersehen werden, dass die Lage von Einwanderern aus Rumänien und Bulgarien in Städten wie Berlin, Duisburg, Dortmund, Frankfurt, Hamburg, Mannheim oder München prekär ist und zur Sorge Anlass gibt. Die Migrantinnen und Migranten werden teilweise ausgebeutet, arbeiten dort als Tagelöhner auf dem «Arbeiterstrich» oder als Prostituierte. In diesen sozialen Brennpunkten verzeichnen die Kommunen eine hohe Arbeitslosigkeit und einen starken Anstieg von Sozialleistungsempfängern in dieser Einwanderergruppe. Auf diese besorgniserregende Entwicklung in einigen deutschen Städten weist auch der

Staatssekretärs-Ausschuss zu diesem Thema hin, der 2014 seinen Abschlussbericht vorlegte. Die Bundesregierung will den betroffenen Kommunen finanziell helfen und durch gesetzliche Maßnahmen Missbräuche ausschließen. Viele der geplanten Maßnahmen sind aber jetzt schon gängige Praxis und kein Neuland. Der hier zu beobachtende Aktionismus schlägt sich auch in der Kampagne der CSU unter dem Motto «Wer betrügt, der fliegt» nieder.

77. Sind Ausländer krimineller als Deutsche? Die Quelle der weit verbreiteten Meinung, wonach Ausländer krimineller seien als Deutsche, findet sich in der Polizeilichen Kriminalstatistik (PKS). Darin wird aber nicht die Kriminalität erfasst, sondern die Zahl der Tatverdächtigen. Diese Daten dürfen also nicht mit der tatsächlichen Kriminalitätsentwicklung gleichgesetzt werden, wie das Bundeskriminalamt selbst betont. «Sie lassen auch keine vergleichende Bewertung der Kriminalitätsbelastung von Deutschen und Nichtdeutschen zu», so das Bundeskriminalamt weiter. Trotzdem wird die Polizeiliche Kriminalstatistik – eigentlich sollte sie «Tatverdachtsstatistik» heißen – als Grundlage genommen und darauf hingewiesen, dass der Anteil nichtdeutscher Tatverdächtigter mit 25,7 Prozent im Jahre 2013 (angestiegen auf 28,7 Prozent im Jahr 2014) bei einem Ausländeranteil an der Gesamtbevölkerung von 8,6 Prozent sehr hoch sei. Dieser Vergleich ist jedoch aufgrund verschiedener Faktoren unzulässig, was zu Verzerrungen zu Lasten der Ausländer führt. So werden beispielsweise bestimmte Gruppen wie Touristen oder Stationierungskräfte nicht in der Bevölkerungsstatistik mitgezählt. Wenn Mitglieder dieser Gruppen aber einer Straftat verdächtigt werden, tauchen sie in der PKS auf und verändern die Statistik zu Ungunsten der Ausländer. Einbrüche wurden beispielsweise in letzter Zeit oft von reisenden Kriminellen verübt, die nicht mit der hier ansässigen Migrationsbevölkerung gleichzusetzen sind, was aber wieder zu einer Schieflage in der Statistik führt.

Konkrete Aussagen zur Kriminalitätsbelastung von Ausländerinnen und Ausländern mit einem legalen Aufenthaltsstatus lassen sich aber nur dann machen, wenn Ausländer, die nur vorübergehend in Deutschland sind, herausgenommen werden. Dadurch verringert sich die Zahl der nichtdeutschen Tatverdächtigen um 6,8 Prozent. Auch die Zusammensetzung der Bevölkerungsgruppen erschwert den Vergleich. Ausländer sind im Verhältnis zur deutschen Wohnbevölkerung jünger. Der Anteil von Frauen ist geringer, sie leben mehr in Großstädten, gehören eher mit einem deutlich niedrigeren Bildungsniveau den unteren Einkommensschichten an – alles Faktoren, die dazu führen können, als Tatverdächtige in die Statistik zu geraten. Nur Ausländer können bestimmte Straftaten, wie Verstöße gegen das Aufenthaltsgesetz, begehen. Ohne solche ausländerspezifischen Delikte verringert sich der Anteil der Tatverdächtigen von Nichtdeutschen im Jahre 2013 um 3,1 Prozent auf 22,6 Prozent. Berücksichtigt werden muss auch, dass Ausländer aufgrund von Hautfarbe und anderen Merkmalen öfter in Polizeikontrollen und damit unter Umständen auch in die Tatverdächtigenstatistik geraten. Hinzu kommt, dass nichtdeutsche Tatverdächtige öfter angezeigt werden – die Anzeigequote fällt im Vergleich zu Deutschen um bis zu 18 Prozent höher aus.

Besonders Jugendliche aus Einwandererfamilien gelten häufig als kriminell und gewaltbereit. Dem widerspricht eine Langzeitstudie «Kriminalität in der modernen Stadt», wonach Jugendliche mit Migrationshintergrund nicht häufiger an Gewaltdelikten beteiligt sind als Jugendliche ohne Migrationshintergrund. Eine Untersuchung am Institut für Kriminalwissenschaften der Universität Münster belegt, dass die Kriminalitätsbelastung bei Jugendlichen nicht allein mit der Herkunft erklärt werden kann. Um die Gewalt und Kriminalität von jungen Migrantinnen und Migranten, die es zweifellos gibt und die nicht zu beschönigen ist, einzudämmen, muss mehr Sozialarbeit geleistet und die Bildungsbeteiligung gefördert werden. Sie lassen sich nicht allein durch polizeiliche Maßnahmen beseitigen.

78. Wie gefährlich sind Islamismus und Salafismus? Das Problem ist nicht der Islam als Religion, dem weltweit mehr als eine Milliarde Menschen angehören. Das Problem ist der Missbrauch der Religion für politische und demokratiefeindliche Zwecke, der Islamismus. Der Salafismus ist eine besonders radikale Strömung des Islamismus. Das arabische Wort «Salaf» heißt «Vorfahren» oder «Ahnen». Salafisten sagen von sich, dass sie ihren Lebensstil streng nach den Lehren des Korans ausrichten. Die wortwörtliche Auslegung des Korans und seine politische Ausrichtung machen die Salafisten gefährlich. Das Bundesinnenministerium unterscheidet zwischen politischen Salafisten, die Gewalt ablehnen, und denjenigen, die sie befürworten und einsetzen. Die deutschen Salafisten stützen sich auf Propagandatätigkeiten, um ihre Ziele zu erreichen. Nur eine Minderheit ist tatsächlich gewaltbereit. Allerdings sind – so der Verfassungsschutz – «fast alle in Deutschland bisher identifizierten terroristischen Netzwerkstrukturen und Einzelpersonen» salafistisch geprägt. Besonders auf Jugendliche übt der Salafismus eine große Anziehungskraft aus. Diese Ideologie gibt ihnen offensichtlich Halt im Leben. Sie finden eine Vaterfigur und scheinbar eine klare Orientierung. Verschiedene Aussteigerprogramme und Beratungsstellen versuchen die jungen Leute von diesem Irrweg abzuhalten.

Das Bundeskriminalamt schätzt die Zahl gewaltbereiter Islamisten auf rund 1000 Personen. Auch wenn es nur eine kleine Minderheit ist, so darf man die Gefahr nicht unterschätzen, die auch von sogenannten Rückkehrern ausgeht, islamistischen Kämpfern, die aus Europa in die Kriegsgebiete in Syrien oder im Irak reisen und dort gekämpft haben. Mehrere Anschlagsversuche in Deutschland – so im Mai 2015 im hessischen Oberursel – konnten bislang verhindert werden. Anschläge mit Kofferbomben in Regionalzügen und auf dem Bonner Hauptbahnhof scheiterten an technischen Problemen. Ein Einzeltäter erschoss 2011 am Frankfurter Flughafen zwei US-amerikanische Soldaten.

79. Wird Deutschland islamisiert? Meist wird überhaupt nicht gesagt, was mit Islamisierung eigentlich gemeint ist. Offensichtlich ist es die Angst, die Zahl der Muslime in Deutschland nehme immer mehr zu und würde bald die Zahl der Deutschen übertreffen, das Land würde sozusagen von Muslimen «unterwandert». Davon kann aber in der Realität nicht die Rede sein. Es mangelt einfach an Daten und Fakten. So zeigen Umfragen immer wieder, wie wenig man in Deutschland über Muslime weiß. Ihre Zahl wird von 70 Prozent aller Befragten stark überschätzt. So ist ein Drittel der Befragten der Meinung, es gebe über zehn Millionen Muslime in Deutschland. Wie viele Muslime heute in Deutschland leben, weiß man gar nicht genau, weil die islamische Religionszugehörigkeit im Gegensatz zur christlichen nicht erfasst wird. Nach einer Umfrage aus dem Jahre 2009 leben rund vier Millionen Muslime in Deutschland. Bei einer Einwohnerzahl von 80,6 Millionen beträgt ihr Bevölkerungsanteil etwa 5 Prozent. Rund die Hälfte hat die deutsche Staatsangehörigkeit angenommen. Die meisten Muslime sind entweder im Rahmen der Anwerbeabkommen nach Deutschland geholt worden oder zählen zu den Kindern und Enkeln der «Gastarbeiter». Die Mehrzahl der Muslime kommt aus der Türkei. In den letzten Jahren wandern mehr Türkinnen und Türken in die Türkei ab, als Zuwanderer aus der Türkei zu uns kommen. Durch die Flüchtlinge stieg die Zahl der Muslime allerdings im Jahr 2015 wieder an.

Vielleicht könnten wir in Deutschland beim Thema «Islamisierung» von einer kleinen Anekdote aus der Zeit lernen, als die ersten Muslime ins Nachkriegsdeutschland kamen. Zu Beginn der Anwerbung von muslimischen, vor allem türkischen Arbeitskräften bestand nämlich durchaus eine gewisse Aufgeschlossenheit und Neugier auf deutscher Seite gegenüber den Neuankömmlingen. So fand sogar – kaum zu glauben, aber wahr – am 3. Februar 1965 – «ein Tag, der Religionsgeschichte gemacht hat», wie eine Tageszeitung damals schrieb – eine Ramadan-Feier im Kölner Dom statt. «In den nördlichen Seitenschiffen des Doms feierten mehrere hundert Mohammedaner», wie es in einem Zeitungsbericht hieß, das Ende des Fastenmonats. «Muselmanen beten im Kölner Dom», so die Überschrift in der Wochenzeitung DIE ZEIT. Gleichzeitig verweigerten aber Kölner Lokale den fast 2000 Türken in der Domstadt den Zutritt. Schilder hingen an Kneipentüren mit der Aufschrift: «Wegen Schwierigkeiten mit ausländischen Gästen für Türken Lokalverbot». DIE ZEIT beendete damals ihren Bericht wie folgt: «Das ist die Wirklichkeit 1965, Theorie und Praxis der Nächstenliebe, das ist die Spanne zwischen Konzil und Köln: Die Kirche reißt jahrhundertalte Mauern nieder, die Bürger selber richten sie wieder auf.» Eine Ramadan-Feier im Kölner Dom – so etwas hat es seither in Deutschland nicht mehr gegeben – wäre vielleicht aber ein Zeichen gegen Islamisierungsängste im Lande.

80. Ist der Islam Teil Deutschlands? Als Bundesinnenminister stellte Wolfgang Schäuble (CDU) 2006 wörtlich fest: «Der Islam ist Teil Deutschlands und Teil Europas. Er ist Teil unserer Gegenwart, und er ist Teil unserer Zukunft.» Diese Äußerungen wurden damals kaum kritisiert. Bundespräsident Christian Wulff (CDU) sprach in seiner Antrittsrede am 2. Juli 2010 von einer «Bunten Republik Deutschland». Noch als Ministerpräsident von Niedersachsen hatte er die erste türkischstämmige Ministerin in Deutschland, Aygül Özkan, als Ministerin für Soziales, Frauen, Familie, Gesundheit und

Integration eingesetzt. Als Bundespräsident wiederholte er, was Schäuble gesagt hatte, nämlich, dass der Islam zu Deutschland gehöre. Das löste diesmal eine Kontroverse aus. Der damalige Bundesinnenminister Dr. Hans-Peter Friedrich (CSU) distanzierte sich im März 2011 von den Worten des Bundespräsidenten. Kurz nach seinem Amtsantritt sagte er, dass die in der Bundesrepublik lebenden Menschen islamischen Glaubens natürlich zu Deutschland gehören. «Aber dass der Islam zu Deutschland gehört, ist eine Tatsache, die sich aus der Historie nirgends belegen lässt», fügte er hinzu. Bundeskanzlerin Angela Merkel stellte dagegen im Januar 2015 klar: Der Islam ist Teil Deutschlands. Allerdings ist diese Aussage nach wie vor selbst in der CDU umstritten. So widersprach Sachsens Ministerpräsident Stanislaw Tillich (CDU): «Ich teile diese Auffassung nicht. Muslime sind in Deutschland willkommen und können ihre Religion ausüben. Das bedeutet aber nicht, dass der Islam zu Sachsen gehört.» Thüringens Ministerpräsident Bodo Ramelow (Die Linke) schloss sich dagegen der Meinung der Bundeskanzlerin an: «Die 7000 Muslime in Thüringen gehören zu Thüringen. Also gehören auch deren Glauben und die Verteidigung ihres Glaubens zu Thüringen. Das Grundgesetz sieht Glaubensgewährung für jeden vor. Heißt also ausdrücklich: Auch der Islam gehört zu Thüringen.»

Ob der Islam nun Teil Deutschland ist oder nicht – das bleibt sicher weiterhin ein Diskussionsthema. Im Endeffekt ist es eigentlich Haarspalterei. Muslime und damit auch ihr Glauben sind nun einmal ein Teil Deutschlands. Der Satz, den Wolfgang Schäuble geprägt hat, beschreibt nichts anderes als die Realität der Einwanderungsgesellschaft Deutschland.

81. Was sind Parallelgesellschaften? Der Begriff «Parallelgesellschaft» bezieht sich ursprünglich auf Länder des früheren Ostblocks und die Versuche von Oppositionsgruppen, eigene und unabhängige gesellschaftliche Institutionen wie Verlage oder Gewerkschaften aufzubauen. Das Wort hatte also zuerst eine positive Bedeutung, wurde es doch mit dem Widerstand gegen kommunistische Staaten verbunden. Erst in den 1990er Jahren fand es Eingang in die Migrationsdiskussion in Deutschland – mit negativen Vorzeichen, verbunden mit der Vorstellung, der freiwilligen, bewussten Abkapselung, der Integrationsverweigerung, Ghettoisierung, Ehrenmorden bis hin zu eigenen Gesetzen und Gerichten, Normen und Regeln. Eingeführt in diesem Sinne hat ihn ein Sozialwissenschaftler, Wilhelm Heitmeyer, der allerdings den Begriff dann auch auf andere Bevölkerungsgruppen ausdehnte, indem er sagte: «Es gibt eine elitäre Parallelgesellschaft, in der ein eisiger Jargon der Verachtung herrscht und kaum Interesse an gesellschaftlichen Integrationsproblemen.» Damit meinte er die abgeschottete Klasse von wohlhabenden Deutschen. Es wird zwar viel über «Parallelgesellschaft» gesprochen in Deutschland, aber meist (wieder einmal) nicht gesagt, was darunter verstanden wird. Kein Wunder, denn es bestehen wenig aussagekräftige Erkenntnisse, die dieses Phänomen belegen könnten. Auch wenn es Anzeichen für solche Entwicklungen gibt, so zeigen doch Untersuchungen, dass die Mehrzahl der Migranten und Migrantinnen eben nicht in «Parallelgesellschaften» lebt.

Ein kleiner Ausflug in die deutsche Auswanderergeschichte ist beim Thema «Parallelgesellschaft» erhellend. In der Mitte des 19. Jahrhunderts lebten allein etwa 120 000 eingewanderte Deutsche in New York, die meisten davon im «Kleindeutschland». New York war damals die drittgrößte deutschsprachige Stadt der Welt – nach Berlin und Wien. Es erschienen in New York vier deutsche Tageszeitungen – mehr als in Berlin. Ein Chronist – der schwäbische Pfarrer und Schriftsteller Carl Theodor Griesinger – schrieb damals: «Es geht aber echt zu im Deutschländle, so deutsch wie in Deutschland selbst. Der Bäcker ist so gut deutsch wie der Metzger und der Metzger so gut wie der Apotheker. Allerdings sind es lauter Kleingeschäfte, die allda getrieben werden, allein kein einziges befindet sich in anderen Händen als in deutschen. Nicht bloß der Schuhmacher, der Schneider, nicht bloß der Rasierer und der Doktor, nicht bloß der Krämer und der Wirt, nein, auch der Pfarrer ist hier deutsch, und damit dem Deutschtum die Krone aufgesetzt werde, trifft man sogar eine deutsche Leihbibliothek da. Wer also in Kleindeutschland wohnt, braucht keine Silbe englisch zu verstehen und kommt doch fort.»

So viel zu der deutschen «Parallelgesellschaft» in Amerika. Aus der deutschen Auswanderungsgeschichte können wir nicht nur lernen, dass Integration Zeit, zwei bis drei Generationen, braucht, bis Zuwanderer wirklich eine neue Heimat gefunden haben. Aus ihr lässt sich außerdem ablesen, dass man zunächst einmal gerne unter Landsleuten bleibt, die einem Sicherheit geben und in der Fremde weiterhelfen. Deshalb sollten solche Siedlungsgebiete nicht gleich als «Ghettos» abgetan werden. Sie können ein Sprungbrett in die Aufnahmegesellschaft sein. Nur wenn man sich auf Dauer in diesen Bezirken – meist sind es Stadtgebiete – abkapselt, ohne Kontakt mit Einheimischen, lebt man in einer anderen Welt und wird nicht heimisch werden. Diese ethnischen Kolonien sind auch keine Dauereinrichtung. So sind die Kleindeutschlands oder Little Italys in New York verschwunden. Neue Einwanderer aus Asien, Mexiko oder aus Russland haben neue Viertel gegründet.

Sicher ist, dass «Wohnen» und Integration eng zusammenhängen. Oftmals herrscht dabei das Bild vor, die Mehrheit der Migranten würde in den Ballungsräumen und in Großstädten in bestimmten Vierteln wohnen. Aber nur knapp die Hälfte (rund 47 Prozent) der Eingewanderten – so Studien von Frank Gesemann, Experte auf diesem Gebiet – lebt in Großstädten mit mehr als 100 000 Einwohnern. Die Mehrheit (53 Prozent) wohnt in Klein- und Mittelstädten oder Gemeinden mit weniger als 5000 Einwohnern, was in der öffentlichen Diskussion über Integration kaum wahrgenommen wird. Die Mehrzahl der Migranten lebt in Mehrfamilienhäusern zur Miete und hat weniger Wohnraum zur Verfügung als Einheimische. Der Anteil des selbstgenutzten Wohneigentums ist bei der Bevölkerung mit Migrationshintergrund (rund 26 Prozent) wesentlich geringer als in der Bevölkerung ohne Migrationshintergrund (47 Prozent).

Die Wissenschaft spricht von «ethnischer Segregation» und meint damit die räumliche Konzentration der Bevölkerung mit Migrationshintergrund in Städten und einzelnen Stadtteilen. Im europäischen und internationalen Vergleich ist so etwas in Deutschland eher gering ausgeprägt. Stadtviertel mit einem hohen Einwandereranteil sind meist gemischt, was ihre Zusammensetzung nach Nationalitäten angeht. Problematisch ist aber, wenn diese ethnische Segregation mit einer sozialen Benachteiligung verbunden ist. Zwei Drittel der Migranten leben in solchen sozial benachteiligten Wohnquartieren, eine Herausforderung für die Integrationspolitik, auch wenn nicht nur das Wohnen und der Wohnort für die Integration entscheidend ist, sondern der Zugang zu allgemeiner Bildung und zur beruflichen Qualifikation.

82. Worum geht es beim «Kopftuchstreit»? Wie schwer man sich in Deutschland mit dem Thema «Kopftuch bei muslimischen Frauen» tut, zeigte selbst das höchste deutsche Gericht. Am 13. März

2015 korrigierte das Bundesverfassungsgericht in Karlsruhe sein eigenes Urteil zum Kopftuchverbot für Lehrkräfte aus dem Jahre 2003. Mit ihrem jüngsten Urteil erklärten die Verfassungsrichter, dass ein pauschales Kopftuchverbot für Lehrkräfte nicht mit der Religionsfreiheit vereinbar ist. Eine Lehrerin und eine Sozialarbeiterin aus Nordrhein-Westfalen, zwei Muslima mit deutscher Staatsangehörigkeit, hatten gegen das nordrhein-westfälische Schulgesetz geklagt. Danach dürfen Lehrerinnen und Lehrer in der Schule «keine politischen, religiösen, weltanschaulichen oder ähnliche äußere Bekundungen abgeben, die geeignet sind, die Neutralität des Landes oder den Schulfrieden zu gefährden oder zu stören». Ähnliche Gesetze sind in acht Bundesländern erlassen worden, nachdem das Bundesverfassungsgericht dies in seinem Urteil aus dem Jahr 2003 selbst gefordert hatte. Im März 2015 wiesen die Richter jedoch darauf hin, dass der Eingriff in die Glaubensfreiheit der Beschwerdeführerinnen schwer wiegt. Ein Verbot des Kopftuchs im Schuldienst könne für sie sogar den Zugang zum Beruf verstellen. Dass auf diese Weise zurzeit faktisch muslimische Frauen von der qualifizierten beruflichen Tätigkeit als Pädagoginnen ferngehalten würden, stehe zugleich in einem rechtfertigungsbedürftigen Spannungsverhältnis zum Gebot der tatsächlichen Gleichberechtigung von Frauen. Aufgabe namentlich der als «bekenntnisoffen» bezeichneten Gemeinschaftsschule sei es, «den Schülerinnen und Schülern Toleranz auch gegenüber anderen Religionen und Weltanschauungen zu vermitteln. Dieses Ideal muss gelebt werden dürfen, auch durch das Tragen von Bekleidung, die mit Religionen in Verbindung gebracht wird, wie neben dem Kopftuch etwa die jüdische Kippa, das Nonnen-Habit oder auch Symbole, wie das sichtbar getragene Kreuz. [...] Vom Tragen eines islamischen Kopftuchs geht für sich genommen noch kein werbender oder gar missionierender Effekt aus.» So weit das Bundesverfassungsgericht, das damit zwar nur Teile des nordrhein-westfälischen Schulgesetzes für verfassungswidrig erklärte. Aber auch das Kopftuchverbot in anderen Bundesländern muss nach dieser Entscheidung überarbeitet werden, denn die Karlsruher Richter halten ein Verbot nur dann für gerechtfertigt, wenn durch das Tragen eine «hinreichend konkrete Gefahr» für den Schulfrieden oder die staatliche Neutralität ausgehe. Eine abstrakte Gefahr alleine reiche nicht aus. Die Richter verlagern die Klärung der umstrittenen Frage damit letztendlich in die Schulen, die entscheiden müssen, wann der Schulfrieden bedroht ist. Dann kann das Kopftuch immer noch untersagt werden. Im Verfassungsgericht selbst war das Urteil umstritten. Zwei der acht Richter distanzierten sich von dem Urteil.

Zwei neue Untersuchungen zeigen, dass die Mehrheit der Bevölkerung das «Kopftuchthema» gelassener sieht als die Gesetzgeber in den Bundesländern, die ein Kopftuchverbot eingeführt hatten. Eine bundesweite Studie zum muslimischen Kopftuch, die vom Ministerium für Integration Baden-Württemberg am 13. März 2015, am Tag der Entscheidung des Bundesverfassungsgerichts, veröffentlicht wurde, macht deutlich, dass ein knappes Drittel (31 Prozent) der Bevölkerung es ablehnt, wenn muslimische Frauen Kopftücher tragen. Der großen Mehrheit (62 Prozent) ist es «egal», ob eine Muslima ein Kopftuch trägt. Eine Minderheit (7 Prozent) findet es «gut». Dabei unterscheidet sich die Meinung der Bevölkerung danach, in welchem Kontext ein Kopftuch getragen wird. Am Tragen eines Kopftuchs bei einer Ärztin stören sich nur 20 Prozent der Bürgerinnen und Bürger in Baden-Württemberg – bundesweit sind es 22 Prozent. Bei Lehrerinnen sind es bereits 40 Prozent (bundesweit 55 Prozent), bei einer Nachrichtensprecherin im Fernsehen ist es sogar eine Mehrheit von 53 Prozent (bundesweit 50 Prozent). Trotz der alles in allem toleranten Haltung zum Kopftuch sind 68 Prozent der Befragten im Südweststaat der Meinung, dass muslimische Kopftuch sei ein Hindernis für die Gleichstellung von Mann und Frau. Drei Viertel (75 Prozent) sehen im Kopftuch bei den muslimischen Frauen eine Beeinträchtigung der Integration. Bundesweit ist die Skepsis etwas geringer (71 Prozent). Am Tag der Veröffentlichung der Entscheidung des Bundesverfassungsberichts wurde eine zweite Studie veröffentlicht, die die Meinung der jungen Leute in Deutschland widerspiegelt. Danach finden 71 Prozent der 16- bis 25-Jährigen in Deutschland, dass Lehrerinnen das Recht zugestanden werden soll, im Unterricht ein Kopftuch zu tragen. Bei denjenigen, die selbst noch Schüler sind, sprechen sich sogar mehr als drei Viertel gegen ein Kopftuchverbot aus. Bei älteren Befragten tun dies 48 Prozent. Allerdings meinen 26 Prozent der jungen Befragten, wer ein Kopftuch trage, könne nicht deutsch sein. Bei den älteren Erwachsenen denken 40 Prozent so.

Die Debatte um das Kopftuch wird sicher auch nach dem Urteil aus Karlsruhe weitergehen. Der Zentralrat der Muslime begrüßte die Entscheidung. Frau Prof. Dr. Yasemin Karakaşoğlu, Erziehungswissenschaftlerin an der Universität Bremen, sagte, sie freue sich für ihre muslimischen Lehramtskandidatinnen. Der überwiegende Teil von Musliminnen in Deutschland, die Lehramt studieren oder im Schuldienst sind, trage kein Kopftuch. Bei Lehrenden in Großbritannien werde die unterschiedliche Bekleidung als Ausdruck der gesellschaftlichen Multikulturalität verstanden. So ist das Kopftuch auch ein Thema in anderen europäischen Ländern: Frankreich hat 2004 muslimischen Schülerinnen verboten, im Schulunterricht ein Kopftuch zu tragen. Im Jahre 2011 trat sogar ein Vollverschleierungsverbot in Kraft, was vom Europäischen Gerichtshof für Menschenrechte 2014 für rechtens erklärt wurde.

Sicher geht es bei dem Kopftuchstreit um mehr als nur eine Kopfbedeckung, nämlich um das grundsätzliche Verständnis einer Einwanderungsgesellschaft und das Verhältnis zum Islam. Seit dem Kopftuchverbot von 2003 hat sich offensichtlich auch einiges in der Gesellschaft verändert, was sich im Urteil des Verfassungsgerichts niederschlägt.

Gegenüber dem Kopftuch hat sich in Deutschland allem Anschein nach eine Toleranz entwickelt. Die Burka, die Ganzkörperverhüllung, oder die Niqab (Gesichtsschleier) dagegen stoßen vielfach auf Unverständnis. Ob sich für ein Verbot wie in Frankreich eine politische Mehrheit finden könnte, ist fraglich. Die CDU hat auf ihrem Parteitag in Köln 2014 einen entsprechenden Antrag erst einmal vertagt. Bereits 2010 stellte ein Gutachten des Wissenschaftlichen Dienstes des Bundestages, das der CSU-Bundestagsabgeordnete Johannes Singhammer in Auftrag gegeben hatte, fest: Ein generelles Burka-Verbot im öffentlichen Raum verstoße gegen das Neutralitätsgebot des Grundgesetzes und lasse sich verfassungsrechtlich nicht rechtfertigen. Nicht einmal mit einer Verfassungsänderung könne der Schleier von Straßen und Plätzen ferngehalten werden. Ein Verbot der Vollverschleierung könnte auch beim Bundesverfassungsgericht in Karlsruhe auf Bedenken stoßen. In ihrem Urteil zum Kopftuch deuten die Richter schon etwas in diese Richtung an, wenn sie schreiben, die nur visuelle Wahrnehmbarkeit des Kopftuchs sei in der Schule ebenso hinzunehmen, «wie auch sonst grundsätzlich kein verfassungsrechtlicher Anspruch darauf besteht, von der Wahrnehmung anderer religiöser oder weltanschaulicher Bekenntnisse verschont zu bleiben». Man schätzt, dass es bundesweit 80 bis 100 voll verschleierte Frauen gibt. Die meisten sind deutsche Konvertitinnen, also Frauen, die zum Islam übergetreten sind.

83. Wie verbreitet sind Fremdenfeindlichkeit und Rechtsextremismus in Deutschland? Rechtspopulistische Einstellungen haben sich in Deutschland in der Mitte der Gesellschaft etabliert. So mussten Vertreter der deutschen Regierung im Mai 2015 vor dem zuständigen UN-Ausschuss in Genf einräumen, dass Rassismus in Deutschland 70 Jahre nach der Zerschlagung des Nationalsozialismus nicht allein in der rechtsextremen Szene anzutreffen sei. Angesichts fremdenfeindlicher Anschläge und Hassparolen bei PEGIDA-Demonstrationen versprach die Bundesregierung ein stärkeres Engagement gegen alle Formen von Rassendiskriminierung in Deutschland.

Der Anteil der Wähler, die mit rechtspopulistischen Forderungen etwas anfangen können, liegt in Westeuropa allgemein zwischen 10 und 30 Prozent. Islam und Einwanderung sind die wichtigsten Themen der europäischen Rechtsparteien, die um ihre Gunst buhlen. In der Bundesrepublik verzeichnet die rechte Alternative für Deutschland (AfD) Wahlerfolge nicht nur bei den Europawahlen, sondern auch in Sachsen, Thüringen, Brandenburg und Hamburg.

Das ist allerdings kein neues Phänomen: So saßen bereits die DVU (Deutsche Volksunion) und die sogenannten Republikaner früher in Landesparlamenten, die mit ausländerfeindlichen Parolen Wahlerfolge erzielten. Der rechtsradikalen NPD (Nationaldemokratische Partei Deutschlands) gelang zwischen 1966 und 1968 der Einzug in sieben deutsche Landtage. In Baden-Württemberg erreichte die Partei 1968 überraschend fast 10 Prozent der Stimmen. Mit einem festen Wählerpotential von über 10 Prozent für rechtspopulistische Parteien ist in Deutschland seit Langem zu rechnen. Eine SINUS-Studie im Auftrag der Bundesregierung offenbarte bereits 1979/80, dass 13 Prozent der Bundesbürger ein geschlossenes rechtsextremistisches Weltbild haben.

Wellen der Ausländerfeindlichkeit in unterschiedlicher Stärke gehören fast schon zur «Normalität» in einer Einwanderungsgesellschaft und sind weltweit, nicht nur in Deutschland, verbreitet. Sie kommen und gehen, man muss damit leben. Das heißt aber nicht, dass wir sie hinnehmen sollten, sondern dass wir sie bekämpfen müssen, weil sie nicht in die politische Kultur im Integrationsland Deutschland passen. Zur Geschichte der Fremdenfeindlichkeit gehört das Buch «Die Türken – Geschichte und Gegenwart» des rechtskonservativen Chefs der Republikaner, Franz Schönhuber, in dem er 1989 gängige Vorurteile gegenüber den Türken bediente. Oder das sogenannte Heidelberger Manifest deutscher Professoren vom 17. Juni 1981. Zahlreiche Intellektuelle wandten sich darin gegen die – wie es hieß – «Unterwanderung des deutschen Volkes» durch Ausländer, gegen die «Überfremdung unserer Sprache, unserer Kultur und unseres Volkstums». Ausländerfeindlichkeit schlug sich Anfang der 1980er Jahre in so genannten Bürgerinitiativen «Ausländer-Stopp» nieder. Unter Androhung von Anschlägen und mit Parolen «Deutschland den Deutschen!» versuchte beispielsweise 1982 in Baden-Württemberg eine ausländerfeindliche Gruppe, Firmen zu erpressen. Sie verlangte die Entlassung ausländischer Arbeitnehmer.

Nicht in Vergessenheit geraten darf auch die fast schon pogromartige Stimmung mit Brandstiftungen und gewalttätigen Ausschreitungen gegenüber Ausländern in Hoyerswerda, Mölln oder in Solingen Anfang der 1990er Jahre. Deutschland verzeichnet ausländerfeindliche Anschläge mit insgesamt über 180 Toten seit 1990. Das Land wurde durch die Mordserie des NSU (Nationalsozialistischer Untergrund) und durch das klägliche Versagen der Sicherheits- und Ermittlungsbehörden erschüttert. Ziel dieser Vereinigung mit zehn Morden war «vor allem Mitbürger ausländischer Herkunft töten». Fremdenfeindlich motivierte Straftaten haben sich in Deutschland auf einem hohen Niveau eingependelt: Bei den Straftaten waren es 16 000 im Jahre 2011 und bei den Gewalttaten 755, was mehr als dem Zehnfachen bzw. dem Vierfachen der Zahlen aus den 1980er Jahren entspricht. 2014 sind 170 Angriffe auf Flüchtlingsheime verübt worden – diese Zahl hat sich innerhalb eines Jahres verdreifacht. Von Januar bis Anfang Oktober 2015 wurden bereits mehr als 500 solcher Anschläge registriert. Insgesamt wurden – so der Verfassungsschutzbericht 2014 – im Berichtsjahr 990 rechtsextremistisch motivierte Gewalttaten festgestellt. Damit ist diese Zahl gegenüber dem Vorjahr um fast 24 Prozent gestiegen. Im Jahre 2015 setzten Neonazis offensichtlich gezielt Anschläge auf Asylbewerberheime dazu ein, um bundesweit ein Signal zu setzen. Anwohner fürchten sich in der Folge weniger vor der Unterbringung von Flüchtlingen als vor Rechtsradikalen, die Protestmärsche organisieren und gewalttätig werden könnten. Die Gewalt gegen Flüchtlinge, Migranten und deren Unterkünfte hat sich seit den PEGIDA-Demonstrationen im Oktober 2014 mehr als verdoppelt (67 Übergriffe). Politiker in Ostdeutschland wurden wegen ihres Engagements für Flüchtlinge angefeindet. Bundesweit für Aufsehen sorgte im März 2015 der Rücktritt des ehrenamtlichen Bürgermeisters des Ortes Tröglitz in Sachsen-Anhalt, der wegen der geplanten Aufnahme von Flüchtlingen bedroht worden war und sich unzureichend geschützt fühlte.

84. Was sind «illegale» oder «irreguläre» Migranten? Der illegale Aufenthalt in Deutschland ohne gültige Aufenthaltspapiere ist eine Straftat im Sinne des Strafgesetzbuches (StGB §95). Der Begriff «Illegale» ist umstritten, weil er die Betroffenen kriminalisiert. Die alternativen Bezeichnungen sind «Menschen ohne Papiere» oder «Statuslose» bzw. «Irreguläre». Die Mehrzahl der Irregulären sind Flüchtlinge und Asylbewerber, die ohne Papiere oder mit gefälschten Ausweisen, meist mit Hilfe von Schlepperbanden, einreisen. Eine andere Gruppe umfasst diejenigen, die nach einer legalen Einreise, beispielsweise als Touristen, hier bleiben und keine Aufenthaltsgenehmigung mehr haben. Eine weitere Gruppe sind Personen, die die Voraussetzung für einen Aufenthaltstitel, wie eine Duldung, nicht mehr erfüllen, aber nicht ausreisen. Irreguläre Migranten finden vor allem Beschäftigung im Bereich der Dienstleistungen, als Reinigungskraft in Privathaushalten, auf dem Bau oder in Gaststätten. Sie leben in der ständigen Angst entdeckt und ausgewiesen zu werden. Sie haben keinerlei Rechte gegenüber einem Arbeitgeber. Im Krankheitsfall haben sie keine Versicherung. Im Jahre 2009 wurden die Verwaltungsvorschriften im Aufenthaltsgesetz zwar so geändert, dass irreguläre Migranten im Notfall bei einem Arztbesuch oder im Krankenhaus nicht gemeldet werden müssen und ihnen damit nicht die Abschiebung droht. In der Praxis nehmen aber nur wenige diese medizinische Hilfe in Anspruch. Auch beim Schulbesuch gab es eine Veränderung. Die Bundesregierung hat die aufenthaltsrechtliche Übermittlungspflicht für Schulen sowie Bildungs- und Erziehungseinrichtungen gestrichen. Bisher waren öffentliche Stellen dazu verpflichtet, Ausländer ohne gültige Aufenthaltspapiere der Ausländerbehörde zu melden. Davon sind Schulen jetzt ausgenommen, was aber trotzdem zu Unsicherheiten führt, weil Kinder ohne Papiere in nur wenigen Bundesländern Anspruch auf Schulbesuch haben.

Kirchen und Ehrenamtliche kümmern sich um irreguläre Migranten. Schätzungen gehen nach Angaben des Bundesnachrichtendienstes davon aus, dass 15 bis 20 Prozent der Migranten in einer illegalen Situation leben. In der EU sollen sich 1,9 bis 3,8 Millionen Menschen illegal aufhalten. In Deutschland rechnet man mit bis zu einer halben Million Irregulären. An den EU-Außengrenzen wurden 2013 rund 437 000 Versuche der illegalen Einreise entdeckt, davon allein 130 000 in Deutschland. Für Schleuserdienste verlangen kriminelle Organisationen bis zu fünfstellige Eurosummen. Weltweit wird schon seit Langem mehr Geld mit Illegalen verdient als mit dem Drogenhandel.

Die Industrienationen wollen auf der einen Seite die illegale Einreise verhindern, auf der anderen Seite profitieren sie aber offensichtlich von der illegalen Ausländerbeschäftigung. Man schätzt, dass Frankreich ein Drittel seiner Autobahnen mit illegalen Einwanderern gebaut hat oder dass Italien schon vor Jahren einen erheblichen Teil seines Bruttosozialprodukts mit Illegalen erwirtschaftet hat. Verschiedene europäische Länder, wie Italien oder Spanien, haben im Laufe der Jahre immer wieder Legalisierungskampagnen durchgeführt und unter bestimmten Voraussetzungen den Irregulären Aufenthaltspapiere gegeben, wenn sie sich bei den Behörden gemeldet haben. Nach einigen Jahren hatte die Zahl der Irregulären aber schon wieder zugenommen. Spanien änderte im Frühjahr 2015 seine Gesundheitsreform, die Ausländer ohne Aufenthaltserlaubnis aus dem Gesundheitssystem ausgeschlossen hatte. Mit einem neuen Gesetz sollen betroffene Migranten wieder einen Zugang zu einer medizinischen Grundversorgung erhalten. Hilfsorganisationen in Spanien schätzen die Zahl der Irregulären dort auf über 800 000.

85. Ist die Integration gescheitert? Beim Thema Integration rächen sich die Fehler der Vergangenheit, die Illusion, in keinem Einwanderungsland zu leben und deshalb auch keine entsprechenden Maßnahmen vor allem in der Förderung schulischer Leistungen ergriffen zu haben. Integrations- und Sprachkurse werden erst 2005 angeboten – unmöglich, die Versäumnisse eines halben Jahrhunderts in einem Jahrzehnt wettzumachen. Durch die Anwerbung von Arbeitskräften mit geringer Schulbildung und niedrigen Berufsabschlüssen entstand eine soziale Unterschicht, in der sich Menschen mit und ohne Migrationshintergrund befinden. Aus diesem Problemkreis, der sich sozusagen vererbt, auszubrechen, gelingt zwar vielen, aber immer noch zu wenigen Kindern und Enkeln der «Gastarbeiter» und neuen Zuwanderern. Es handelt sich also um kein «Ausländerproblem», sondern um ein soziales Thema, das die gesamte Gesellschaft in Deutschland betrifft. Die Probleme, die aus der Ausländerbeschäftigung entstanden sind, dürfen weder verharmlost noch dramatisiert werden. Schlechte Schulabschlüsse der Kinder und Enkel der «Gastarbeiter», hohe Arbeitslosigkeit, unzureichende Sprachkenntnisse, das ist nur eine Seite der Medaille, die aber meist ins Blickfeld von Politik und Medien gerät, nicht nur zu Wahlkampfzeiten. Die positiven Aspekte treten demgegenüber häufig zurück. So stellte beispielsweise der 6. Familienbericht der Bundesregierung zur Situation ausländischer Familien in Deutschland bereits im Jahre 2000 eine erfolgreiche Integration für die große Mehrzahl der Migranten fest. Der öffentliche Diskurs über Ausländer in Deutschland sei von extremer Vereinfachung geprägt. Der Familienbericht unterstreicht zudem die Integrationsleistungen, die die Migrantenfamilien selbst erbracht haben und die die Aufnahmegesellschaft entlasten.

Alles in allem ist eine differenziertere Betrachtung beim Integrationsgeschehen wichtig – so können Frauen mit Migrationshintergrund in Baden-Württemberg eine höhere Schulbildung einbringen als Männer mit Migrationshintergrund. Unter den Migrantinnen gibt es daher sogar mehr Hochschulabsolventinnen als bei Frauen ohne Migrationshintergrund (Ausländerinnen 11 Prozent, Deutsche mit Migrationshintergrund neun Prozent, Frauen ohne acht Prozent). Man muss also genau hinschauen, wenn von gelungener bzw. gescheiterter Integration die Rede ist.

86. Ist die multikulturelle Gesellschaft tot? Der Begriff «Multi-Kulti» wird oft verwendet, ohne zu sagen, was damit gemeint ist – ein weit verbreitetes Phänomen bei vielen Begriffen in der ausländerpolitischen Diskussion der letzten Jahrzehnte. Jedenfalls war die Einführung oder Befürwortung einer multikulturellen Gesellschaft nie Teil einer offiziellen Regierungspolitik, beispielsweise der rot-grünen Bundesregierung, wie oft unterstellt wird. Auch handelt es sich dabei keineswegs um ein klar festgelegtes umfassendes Konzept mit entsprechenden politischen Maßnahmen. Das Gegenteil ist richtig: Selbst in der Fachliteratur findet sich eine «Vielzahl von Definitionen und Unterscheidungen», worauf der Politikwissenschaftler Stefan Rother hinweist. So dient «Multi-Kulti» auch als Kampfbegriff, um dem politischen Gegner zu unterstellen, er wolle Deutschland zu einer multikulturellen Gesellschaft machen und dabei «traditionelle deutsche» Werte aufgeben. So erklärte der bayerische Ministerpräsident und CSU-Vorsitzende Horst Seehofer 2010 Multikulti für «tot», die Bundeskanzlerin für «gescheitert», ähnlich äußerten sich fast zeitgleich Nicolas Sarkozy in Frankreich und David Cameron in Großbritannien. Dabei geht der Begriff mit auf den langjährigen Stuttgarter Oberbürgermeister Manfred Rommel (CDU) zurück, für den dieses Schlagwort nichts anderes war als eine Situationsbeschreibung in seiner Stadt. Bereits 1990 sagte er beispielsweise in einem Rundfunkinterview: «Die multikulturelle Gesellschaft existiert bereits. Und jede Kulturgesellschaft ist eine multikulturelle Gesellschaft. Eine Gesellschaft, in der nur eine kulturelle Strömung da ist und nichts anderes, ist keine Kulturgesellschaft, ist eine sterile Gesellschaft. Die Vielfalt gehört zur Kultur, und um Vielfalt zu haben, braucht man auch Toleranz. Wenn hier Angehörige verschiedener Länder in einer Stadt sich begegnen, dann ist dies kein Nachteil, sondern ein Vorteil.»

Grundsätzlich findet sich in allen menschlichen Gesellschaften kulturelle Vielfalt. Kulturelle Vielfalt und kultureller Austausch waren und sind der Motor des kulturellen Wandels. So gesehen sind die Kulturen immer multikulturell gewesen. Prof. Dieter Oberndörfer, Politikwissenschaftler und Vorsitzender des Arnold Bergstraesser Instituts, macht deutlich, dass es in der Republik keine nationale Religion oder Kultur gibt, die für ihre Bürger verbindlich gemacht werden darf: «Jeder Versuch, einem Deutschen, Franzosen oder Amerikaner eine bestimmte Religion oder Konfession als nationale Pflicht oder Eigenschaft vorzuschreiben, wäre ein Anschlag auf die Bestimmungen ihrer Verfassungen.» Kulturelle Werte dürfen in der Republik individuell interpretiert, akzeptiert oder zurückgewiesen werden, so Oberndörfer. Allein die Grundwerte der Verfassung, das positive (vom Menschen gesetzte) Recht und die Rechtsprechung begrenzen diesen Pluralismus. Wenn beispielsweise in Deutschland die Zahl der Staatsbürger muslimischen Glaubens zunimmt, werden deren religiöse Überzeugungen in noch stärkerem Umfang als jetzt zu einem Bestandteil der Kultur Deutschlands werden. Was die Diskussion um eine Leitkultur in Deutschland angeht, so spricht Oberndörfer von einer schamlosen Blindheit der Anhänger einer Leitkultur für die schwarzen Flecken ihrer eigenen Kultur: «Der Holocaust wuchs auf dem Kultursockel einer christlich geprägten Gesellschaft. Die Mörder von Auschwitz waren keine Muslime», schreibt Oberndörfer. Bei den viel diskutierten Parallelgesellschaften erinnert er daran, dass in Deutschland noch bis in die 1960er Jahre Ehen zwischen Protestanten und Katholiken eine seltene, von den Kirchen mit Sanktionen bekämpfte Ausnahme waren. Eine bunte und zunehmende Vielfalt von oft weniger miteinander verbundenen Parallelgesellschaften oder Lebenswelten ist nach seiner Analyse für moderne Gesellschaften geradezu charakteristisch. Wer die Integration der Ausländer in die deutsche Kultur fordert, müsse erst einmal die Frage beantworten können: Was ist eigentlich ein integrierter Deutscher? Die Integration von Migranten ohne Akzeptanz kultureller Verschiedenheiten durch die Mehrheit ist nicht möglich.

87. Hat die «Sarrazin-Debatte» Deutschland geschadet? Mit einer ziemlich einzigartigen Medienkampagne und Vorabdrucken in «Der Spiegel» und in «Bild» wurde das Buch von Thilo Sarrazin («Deutschland schafft sich ab – Wie wir unser Land aufs Spiel setzen»), unterstützt von der sogenannten Islamkritikerin Necla Kelek, am 30. August 2010 in Berlin vorgestellt. Schon bald stellte sich heraus: Untersuchungen, Daten und Fakten, die nicht in das Horrorszenario im Buch des früheren Berliner Finanzsenators, seit 2009 Vorstandsmitglied der Deutschen Bundesbank, passen, werden ignoriert. So braucht man, wirtschaftlich gesehen, seiner Ansicht nach die muslimische Migration in Europa nicht. Demographisch stelle «die enorme Fruchtbarkeit der muslimischen Migranten eine Bedrohung für das kulturelle und zivilisatorische Gleichgewicht im alternden Europa dar». Zahlreiche Untersuchungen und Berechnungen gehen jedoch fest davon aus, dass Europa in Zukunft noch stärker auf Einwanderung angewiesen sein wird.

Weil Migranten mehr Kinder bekommen, sinke in Deutschland die durchschnittliche Intelligenz, behauptet Sarrazin. Was wir bräuchten, seien «mehr Kinder von Klugen, bevor es zu spät ist». Die Deutschen müssten ziemlich rasch und radikal ihr Geburtenverhalten ändern, die Unterschicht müsse weniger Kinder bekommen und die Mittel- und Oberschicht deutlich mehr als bisher. Akademikerinnen sollten nach Ansicht des früheren Berliner Finanzsenators eine staatliche Prämie von 50 000 Euro für jedes Kind bekommen, das vor Vollendung des 30. Lebensjahrs der Mutter geboren wird.

Weitere Datenchecks widerlegten die Behauptungen, die im Buch aufgestellt werden. Beispielsweise schreibt Sarrazin: «Sichtbares Zeichen für die muslimischen Parallelgesellschaften ist das Kopftuch. Seine zunehmende Verbreitung zeigt das Wachsen der Parallelgesellschaften an.» Eine Untersuchung des Bundesamtes für Migration und Flüchtlinge zu «Muslimischem Leben in Deutschland» stellt dagegen fest: In der zweiten Generation nimmt die Häufigkeit des Kopftuchtragens signifikant ab. Sarrazin dagegen schreibt, es sei besorgniserregend, dass die Probleme der muslimischen Migranten auch bei der zweiten und dritten Generation auftreten würden, «sich also quasi vererben, wie der Vergleich der Bildungsabschlüsse zeigt». In Wirklichkeit verlassen über 40 Prozent aus der zweiten und dritten Generation der türkischen Gastarbeiter die Schule mit besserem Bildungsabschluss als die Eltern. Die Deutschkenntnisse haben sich verbessert. Die soziale Integration – der Kontakt mit Nachbarn und Kollegen – hat zugenommen.

Sarrazin schreibt: «Es geht nicht an, dass wir es zulassen, dass etwa 40 Prozent der muslimischen Migranten bei uns von Transferleistungen leben mit Einkommen, die viel höher sind, als das Arbeitseinkommen bei sich zu Hause wäre, und denen von daher jede Integration erspart wird.» Nach der Untersuchung des Bundesamtes für Migration und Flüchtlinge haben dagegen nur 13,8 Prozent der Befragten aus einem muslimisch geprägten Herkunftsland ausschließlich Transferleistungen als einzige Einkommensquelle. Sarrazin wörtlich: «Nur 33,9 Prozent von ihnen beziehen ihren überwiegenden Lebensunterhalt aus Berufs- und Erwerbstätigkeit.» Das Bundesamt für Migration stellt in seiner Studie über Muslimisches Leben in Deutschland aber fest: «86,2 Prozent der Befragten aus muslimisch geprägten Ländern leben in einem Haushalt, in dem der Lebensunterhalt ganz oder teilweise durch Lohn bzw. Gehaltszahlungen oder durch Einkommen aus selbständiger Erwerbsarbeit bestritten wird.»

Bereits mit den Vorabdrucken des Buches setzte die Kritik an seinen Aussagen ein. Staatsministerin Maria Böhmer bezeichnete Sarrazins Äußerungen als diffamierend und wissenschaftlich nicht haltbar. In der Tat räumte Sarrazin selbst ein: «Es gibt nämlich keine wissenschaftlich zuverlässige Methode, Geburtenverhalten und Zuwanderung über mehrere Jahrzehnte verlässlich vorherzusagen» (Seite 359/360). Auf der anderen Seite malt er immer wieder ein Schreckgespenst an die Wand, wonach die Deutschen durch die Zuwanderung und das Geburtenverhalten der Türken bald in der

Minderheit sein würden. Der damalige Vorsitzende der rechtsextremen NPD, Udo Voigt, sieht sich und andere Rechtsextreme durch die Thesen von Thilo Sarrazin bei künftigen Prozessen wegen Volksverhetzung geschützt. Gegenüber dem ARD-Politikmagazin «Report Mainz» sagte Voigt: «Unsere Aussagen werden damit salonfähiger, und es ist dann immer schwerer, Volksverhetzungsverurteilungen gegen NPD-Funktionäre anzustreben, wenn wir uns zur Ausländerpolitik äußern, wenn sich etablierte Politiker auch trauen, das zu äußern.» So haben Sarrazin und andere Autoren und Autorinnen sicher Argumentationshilfen und «Munition» für Rechtsradikale geliefert. Wegbereiter für PEGIDA und andere Bewegungen sind Sarrazin und andere aber nur bis zu einem gewissen Grade, die Wurzeln dafür reichen viel tiefer.

Wellen der Empörung löste ein Satz des Bundesbankvorstandes in einem Interview mit der «Welt am Sonntag» (29.8.2010) aus, in dem er sagte: «Alle Juden teilen ein bestimmtes Gen, Basken haben bestimmte Gene, die sie von anderen unterscheiden.» Die katholische Kirche kritisierte diese Ansicht scharf. «Solche Formulierungen sind geeignet, latent vorhandenen Rassismus mit allen darin enthaltenen Vorurteilen zu bedienen», sagte der Vorsitzende der Migrationskommission der Deutschen Bischofskonferenz, Bischof Norbert Trelle. Das Buch sei «ein Schritt vom dumpfen Rassismus zum intellektuellen Rassismus», so Kenan Kolat, der Vorsitzende der Türkischen Gemeinde in Deutschland. Es löste eine bisher einmalige Diskussion um die Integrationspolitik in Deutschland aus. Selbst der Konsens, dass wir ein Einwanderungsland sind, geriet ins Wanken. Auf die Frage, ob Deutschland Einwanderungsland sei oder nicht, antwortete Bundeskanzlerin Merkel: «Eigentlich war es das nur zwischen den 1950er Jahren und 1973.»

Der Vorstand der Deutschen Bundesbank distanzierte sich von den diskriminierenden Äußerungen seines Mitglieds. Sarrazin selbst wies Vorwürfe zurück, ihm sei es nur ums Geld gegangen. Bei der 14. Auflage seines Buches im November 2010 änderte er einige umstrittene Passagen. So wurde beispielsweise ein Abschnitt zu «genetischen Belastungen» bei Migranten aus dem Nahen Osten komplett gestrichen. Die Kernaussagen blieben jedoch bestehen.

Die Sarrazin-Debatte hinterließ bei den «integrierten Migranten» tiefe Spuren. Unter dem Motto «Wir sind auch noch da – ein Aufstand der Integrierten» meldeten sich Wirtschaftsvereinigungen mit Migrationshintergrund zu Wort. In Deutschland gebe es seit dem Herbst 2010 eine neue Zeitrechnung. Es gebe die Zeit vor der Sarrazin-Debatte und eine Zeit nach der Sarrazin-Debatte, schreiben Unternehmer wie Vural Öger, ehemaliger SPD-Abgeordneter des Europäischen Parlaments, oder Suat Bakir, Geschäftsführer der Türkisch-Deutschen Industrie- und Handelskammer. Mario Susak, Vorstandsvorsitzender der Kroatischen Wirtschaftsvereinigung, und andere Unternehmer sagen: «Die Debatte, so wie sie geführt wird, beschädigt und verletzt uns. Sie beschädigt auch die Motivation unserer Kinder, sich in Deutschland zu integrieren. Wir fordern deshalb von der deutschen Politik, dass sie sich endlich zu uns bekennt ...»

Nützlich an der Sarrazin-Debatte war, dass sie eine Debatte über Einwanderung in Gang gesetzt hat, der Integration hat sie aber offensichtlich geschadet. Das geht aus einer Umfrage des Sachverständigenrats deutscher Stiftungen für Integration und Migration (SVR) hervor. Danach blickten Zuwanderer im Jahre 2010 mit weniger Zuversicht auf das Zusammenleben in Deutschland als noch im Jahr zuvor. Bei den Antworten auf die Frage, ob Mehrheits- und Zuwandererbevölkerung «ungestört miteinander» leben, zeigt sich bei Zuwanderern ein deutlicher Unterschied zwischen Herbst 2009 und Jahresende 2010. Dieser Aussage stimmten 2009 noch 21,7 Prozent der Zuwanderer «voll und ganz» zu. Zum Jahresende 2010, nach der Sarrazin-Debatte, bestätigten diese positive Einstellung nur noch 9,1 Prozent. Umgekehrt verdoppelte sich fast der Anteil der pessimistischen Einschätzungen unter den Zuwanderern. 2009 bewerteten nur 3,5 Prozent die Einschätzung eines ungestörten Miteinanders mit «gar nicht». 2010 stieg ihr Anteil auf 6 Prozent. Nach der Befragung überwiegen aber im Mittelfeld nach wie vor die verhalten positiven, gelasseneren Einstellungen zum Zusammenleben in der Einwanderungsgesellschaft. Mehr Gelassenheit wäre auch in der Sarrazin-Debatte und ähnlichen Diskussionen wünschenswert, genauso wie die Hinnahme der Tatsache, dass Einwanderung stets mit Problemen und Konflikten verbunden ist. Ständig diese Probleme in den Mittelpunkt zu stellen, meist ohne Lösungen aufzuzeigen, geschweige denn sie umsetzen, ist nicht zielführend. Genauso wenig hilft es weiter, wenn dabei das Bild einer scheinbar heilen Welt ohne Einwanderungsprobleme als ein «Deutschland nur mit Deutschen», das es nie gegeben hat, als Ideal und Gegenstück zum Einwanderungsland Deutschland vorgegaukelt wird.

88. Welche Rolle spielen die Medien in der Einwanderungsgesellschaft? Den Medien kommt beim Thema «Migration/Integration» eine wichtige Rolle zu. Viele Zeitungsleser, Radiohörer und Fernsehzuschauer erhalten ihr «Ausländerbild» über die Medien. Presse, Funk und Fernsehen können dabei Vorurteile verstärken oder abbauen.

Lange Zeit hat sich die Lebenslüge vom «Nicht-Einwanderungsland» auch in Presse, Funk und Fernsehen widergespiegelt. Inzwischen haben sich aber die Massenmedien auf das Thema Migration und Integration eingestellt und auch das Publikum mit Migrationshintergrund als Klientel erkannt. Nach langer Zeit haben die Söhne, Töchter und Enkelkinder der ersten «Gastarbeitergeneration» in den Medien Karriere gemacht, wie Dunja Hayali, Moderatorin des ZDF Morgenmagazins. Pinar Atalay ist «die erste Tagesthemen-Moderatorin mit türkischen Wurzeln – und die Frau, mit der ein Migrationshintergrund im deutschen Fernsehen zur Normalität geworden ist», wie DIE ZEIT feststellte. Es hat sich also einiges getan in letzter Zeit. Aber es ist natürlich noch längst nicht alles zum Besten bestellt. So werden Pinar Atalay, Tochter türkischer Gastarbeiter, oder andere «Multi-Kulti-Promis» – wie sie selbst sagen – immer noch mit Sätzen wie «Sie sprechen aber gut Deutsch!» konfrontiert.

Nicht nur die Boulevardpresse verbreitete in Deutschland schon in den 60er Jahren die Klischees vom gewalttätigen Ausländer, wie zum Beispiel 1964 in der Zeitungsschlagzeile: «Gastarbeiter erstach Deutschen». Seriöse Tageszeitungen brachten Überschriften wie «Aussiedlersohn wurde zum Unhold» oder «Falscher Asylant ergaunert Sozialhilfe». Insbesondere bei den Täterbeschreibungen im viel gelesenen Lokalteil finden sich Schlagzeilen wie «Mordfall Marianne E. – Polizei sucht einen Südländer» oder auch: «Der Täter soll etwa 1,70 Meter groß und schlank sein, vermutlich stammt er aus südlichen Gefilden.» Unfreiwillig komisch war die Täterbeschreibung im Lokalteil einer bayerischen Tageszeitung: «Möglicherweise handelt es sich um einen Türken. Er sprach Hochdeutsch ohne erkennbaren Akzent.»

Die Kritik an dieser negativen Darstellung von Ausländern in der Presse ist so alt wie die Ausländerbeschäftigung. Oft wird im Polizeibericht die Nationalität genannt, auch wenn es gar nicht notwendig ist. Beim Publikum entsteht dadurch der Eindruck, Ausländer seien eben krimineller als Deutsche. Schon ältere Untersuchungen zeigen:

Das Bild der Ausländer in den Medien wird dadurch deutlich negativ verzerrt. Dies sei nicht einem vermeintlich ausländerfeindlichen Handeln der Journalisten selbst anzulasten, sondern ergebe sich aus zwei sich verstärkenden Faktoren: Kulturferne und Unwissenheit, so Medienwissenschaftler. Eine weitere Ursache für diese Verzerrung seien die Nachrichtenwerte, wonach das Sensationelle und Erschreckende für das Publikum attraktiv sei. «The Only Good News is Bad News», wie die Amerikaner sagen. Hinzu kommt die Kritikfunktion der Medien, also ihre positive Rolle in der Demokratie. Sie müssen Probleme aufzeigen und Missstände anprangern. Die dritte Ursache für Verzerrungen sehen Kritiker darin, dass immer noch Journalisten mit Migrationshintergrund fehlen. Verglichen mit der Berichterstattung über die einheimische Bevölkerung konnte man lange Zeit wenig Positives über Ausländer in der Presse lesen, negative Eigenschaften hingegen wurden dramatisiert. Betroffen waren hier vor allem Kulturen, die nicht im Christentum wurzeln. So wurden in den 80er Jahren die Türken als «Ausländer» überrepräsentiert, Anfang der 90er Jahre die Asylbewerber und Flüchtlinge. Später standen öfter die Aussiedler im Brennpunkt, die in manchen Zeitungsschlagzeilen als «Russen» bezeichnet wurden.

Es fehlten oftmals positive oder auch «normale» Bilder aus der Alltagswirklichkeit im Zusammenleben zwischen Einheimischen und Zugewanderten. Es mangelte aber auch offensichtlich an grundsätzlichen Informationen und Hintergrundberichten. So wurde bei Umfragen die Zahl der Ausländer in Deutschland weit überschätzt, meist sogar eine doppelt so hohe Zahl angegeben, wie sie der Wirklichkeit entspricht, und das selbst von Personen, die keine Vorbehalte gegenüber Ausländern hegen. Gerade diese Überschätzung könnte zumindest teilweise aus der dramatisierten Darstellung des Ausländerthemas in den Medien resultieren.

Wenn von der weltweiten Migration in Medien die Rede ist, steht oft das Bedrohliche im Vordergrund. Bei Begriffswahl und Sprache haben sich Ausdrücke aus der Welt des Militärischen oder gar des Verbrechens eingeschlichen. Die dramatischen Bilder von «Bootsflüchtlingen» im Mittelmeer weisen aber sehr eindrucksvoll auf die Ausläufer des Flüchtlingsdramas hin. Sie können das Bewusstsein für das Problem schärfen und Fluchtursachen deutlich machen. Vermutlich ist die aktuelle Welle der Hilfsbereitschaft für Flüchtlinge auch auf diese ständige Berichterstattung über Krisenherde zurückzuführen. Allerdings wird manchmal der Eindruck erweckt, Migranten und Flüchtlinge seien das Problem und nicht Kriege, Konflikte oder der Nord-Süd-Gegensatz. Es wäre fatal, wenn Migranten und Flüchtlinge zu Sündenböcken für weltweite und innerstaatliche Probleme wie Arbeitslosigkeit gemacht würden.

Verfolgt man die deutsche Tagespresse, so könnte man gelegentlich meinen, der Islam und die Muslime – also in erster Linie die Türken – seien eine Bedrohung für die deutsche Kultur und Gesellschaft, sogar eine Gefahr für das Christentum. Insgesamt tauchen islamische Länder in erster Linie im Rahmen von Kriegsberichterstattung auf. Der Islam als Religion droht zum Synonym für Terrorismus und Islamismus zu werden. Durch die Schreckensbilder aus Syrien, den IS-Terrorismus, den Missbrauch des Islam dürfte sich dieses Bild weiter verfestigen. Die Medien tragen deshalb zurzeit eine ganz besondere Verantwortung, was das Bild vom «Islam» angeht. Sie sollten noch viel stärker zwischen Islam und Islamismus unterscheiden.

In der aktuellen Debatte um die gestiegenen Zahlen von Flüchtlingen in Deutschland wird allerdings ein recht differenziertes Bild vermittelt. Formulierungen wie «Asylantenflut» oder «Asylantenschwemme» tauchen im Gegensatz zum Anfang der 1990er Jahre praktisch nicht auf, auch weil die Politik diesmal solche Worte vermeidet. Gerade jetzt können die Medien durch Hintergrundberichte zur Versachlichung der Debatte beitragen, indem sie beispielsweise darauf hinweisen, dass nur ein Rinnsal des weltweiten Flüchtlingsstromes Europa erreicht und 80 Prozent der Flüchtlinge in den ärmsten Ländern der Welt bleiben, die somit die Hauptlast tragen.

89. Was bedeuten Diskriminierung und Antidiskriminierung? Als «unterschiedlich behandeln» wird Diskriminieren meist verstanden, als ungerechtfertigte ungleiche Behandlung. Antidiskriminierung geht gegen diese Ungleichbehandlung vor, in der Überzeugung, dass alle Menschen unabhängig von Persönlichkeitsmerkmalen den gleichen Wert genießen. Eine Diskriminierung liegt beispielsweise vor, wenn ein Mensch wegen eines bestimmten Merkmals wie Hautfarbe in einer vergleichbaren Situation schlechter behandelt wird als eine andere Person. Ziel von Antidiskriminierung ist es, solche Ungleichbehandlungen abzuschaffen und eine Antidiskriminierungskultur zu entwickeln. Dabei spielt das Allgemeine Gleichbehandlungsgesetz (AGG) seit 2006 eine wichtige Rolle, das Benachteiligungen aus

Gründen der «Rasse», wegen der ethnischen Herkunft, der Religion oder Weltanschauung, des Geschlechts, einer Behinderung, des Alters oder der sexuellen Orientierung verhindern oder beseitigen will. In Deutschland wurde im gleichen Jahr die Antidiskriminierungsstelle des Bundes (ADS), die beim Bundesministerium für Familie, Senioren, Frauen und Jugend ihren Sitz hat, eingerichtet. Es besteht ein europäisches Antidiskriminierungsrecht, das auch vor dem Hintergrund rassistischer Gewalttaten verabschiedet wurde. Das in diesem Zusammenhang Papier geduldig ist, zeigt das Beispiel Ungarns mit vorbildlichen, über den europäischen Rahmen hinausgehenden Bestimmungen. In der Praxis, auf die es eben ankommt, werden aber in dem Land vor allem Roma diskriminiert und geradezu verfolgt.

Übereinstimmung besteht nicht nur in Deutschland darin, dass die Integration von Migrantinnen und Migranten nicht ohne eine aktive Antidiskriminierungsarbeit erfolgreich sein kann. Menschen mit Migrationshintergrund fühlen sich im Alltag diskriminiert. Untersuchungen von Bewerbungen weisen auf Benachteiligungen in der Arbeitswelt hin. Die gleichen Bewerbungen – einmal mit ausländischem Namen und einmal mit «deutschem» – haben gezeigt, dass die Bewerber ohne Migrationshintergrund eindeutig bessere Chancen haben, zu Vorstellungsgesprächen eingeladen zu werden.

90. Welchen Einfluss hat PEGIDA? Scheinbar aus dem Nichts tauchte im Herbst 2014 PEGIDA – Patriotische Europäer gegen die Islamisierung des Abendlandes – in Dresden auf. Aus zunächst ein paar hundert Teilnehmern wurden am 12. Januar 2015 rund 25 000 Menschen beim sogenannten Abendspaziergang. Auf ihren Plakaten fanden sich Aufschriften, wie «Keine Scharia in Europa», «Gewaltfrei und vereint gegen Glaubenskriege auf deutschem Boden» oder «Wir sind das Volk». Im Frühjahr 2015 ging die Zahl der Montagsdemonstranten in Dresden stark zurück. Das mag auch daran gelegen haben, dass der mehrfach vorbestrafte Lutz Bachmann nach ausländerfeindlichen Facebook-Postings und einem «Hitler-Selfi» als Chef zunächst zurückgetreten war und sich die Bewegung spaltete. PEGIDA e. V. ist vor allem eine Vereinigung, die sich gegen die angeblich drohende Ausbreitung des Islamismus in Deutschland einsetzt. Erste Untersuchungen zeigen, dass es aber auch um eine allgemeine Unzufriedenheit mit dem politischen System und um die

Angst vor «Heimatverlust» geht. Hinzu kommt ein ausgeprägtes Misstrauen gegenüber den Medien, die als «Lügenpresse» bezeichnet werden. An den PEGIDA-Demonstrationen nahmen vor allem Männer im mittleren Alter aus dem Raum Dresden teil. Die meisten haben ein überdurchschnittlich hohes Bildungsniveau. Viele sind voll erwerbstätig. Politisch orientieren sie sich an rechten Positionen und neigen der Alternative für Deutschland (AfD) zu. Befragungen widersprechen der Auffassung, bei PEGIDA wären in der Mehrheit harmlose, von Sorgen geplagte «Normalbürger» zu finden. Zwar würden die Organisatoren gerne dieses Bild vermitteln, in Wirklichkeit handelt es sich aber im Kern um «gruppenbezogene Menschenfeindlichkeit», zugespitzt um «kaum verhüllten Rassismus».

In mehreren deutschen Städten kam es zu Demonstrationen gegen PEDIDA, so in München mit 12 000 Menschen. In Dresden demonstrierten rund 35 000 Menschen für Toleranz und Weltoffenheit. Bundeskanzlerin Angela Merkel distanzierte sich in ihrer Neujahrsansprache 2014/15 deutlich von PEGIDA, ohne sie wirklich zu erwähnen: «Deshalb sage ich allen, die auf solche Demonstrationen gehen: Folgen Sie denen nicht, die dazu aufrufen! Denn zu oft sind Vorurteile, ist Kälte, ja sogar Hass in deren Herzen.» Offensichtlich sind diese Demonstrationen auch ein Beweis dafür, dass die Ablehnung gegenüber Zuwanderern gerade dort am größten ist, wo es praktisch keine gibt. Im Freistaat Sachsen leben 8000 Muslime, die 0,1 Prozent der Bevölkerung ausmachen. Seit Beginn der PEGIDA-Demonstrationen im Oktober 2014 hat sich bundesweit die Gewalt gegen Flüchtlinge und deren Unterkünfte mehr als verdoppelt. Politiker in Ostdeutschland wurden wegen ihres Engagements für Flüchtlinge angefeindet. Sachsens Wissenschaftsministerin Eva-Maria Stangel (SPD) sah durch die PEGIDA-Bewegung die Internationalität an den Hochschulen des Landes gefährdet. Als Reaktion auf PEGIDA wollten einige ausländische Forscherinnen und Forscher nicht mehr in Sachsen bleiben. Der Schaden, der durch den Imageverlust Deutschlands als modernes Einwanderungsland international entstanden ist, lässt sich nicht einschätzen. Auf jeden Fall hinterließ die Berichterstattung ein negatives, teilweise dramatisiertes Bild von Deutschland. Wegen der Proteste warnte das US-Außenministerium im Januar 2015 seine Bürger in Deutschland vor möglichen Gefahren in Leipzig, Dresden sowie in anderen Großstädten.

Auch wenn die PEGIDA-Demonstrationen weniger Zulauf erhalten, so bleibt die Strömung weiterhin eine Herausforderung. Mit einer Abwertung als «Schande für Deutschland» – so Justizminister Heiko Maas (SPD) – ist es nicht getan. Nicht unbedingt PEGIDA, aber die Fragen, die dabei gestellt werden, sind allem Anschein nach ein Anzeichen dafür, dass viele Menschen sich gerade in der Migrations- und Flüchtlingspolitik nicht mitgenommen fühlen. Die Angst vor Heimatverlust, das Gefühl, «Fremd im eigenen Land?» zu sein, sind ernst zu nehmen, auch wenn dem viel Irrationales beiwohnt. Nicht zu akzeptieren ist allerdings, wenn «Heimat» als Kampfbegriff verwendet wird, zur Abgrenzung gegenüber Fremden, denen das Recht auf Heimat in Deutschland abgesprochen wird. Ein offener Dialog, die Vermittlung von Fakten und Hintergrundinformationen sind notwendig. Daran mangelt es seit der Ausländerbeschäftigung nach dem Zweiten Weltkrieg in Deutschland. Immer wieder tauchen wie in Wellen Unbehagen und Ängste vor Zuwanderung auf, die auch von rechtsradikalen Trittbrettfahrern geschürt werden. Gerade in Wahlkämpfen lassen sich diese teilweise berechtigten Befürchtungen instrumentalisieren. Herausforderungen wie PEGIDA gehören fast schon zur Normalität in einer Einwanderungsgesellschaft. Es wäre gut, gelassener damit umzugehen und beispielsweise PEGIDA und ihre Parolen zu hinterfragen, wie es die Konrad-Adenauer-Stiftung in Dresden versucht hat. Was versteht man unter Abendland, wurde dabei gefragt. Wie kommt es, dass PEGIDA-Demonstranten das christliche Abendland retten möchten, obwohl in Dresden etwa 75 Prozent der Menschen keiner Kirche angehören. Patriotismus meine vielmehr, das Eigene zu lieben und das Andere nicht abzuwerten.

In den letzten Jahren ist die Politik in Sachen Integration weit vorangeschritten, ohne dass ihr eine Mehrheit der Bürger gefolgt wäre. Ein gewisses Unbehagen ist auch nicht verwunderlich: Ein halbes Jahrhundert lang sprachen die Bundesregierungen davon, dass Deutschland kein Einwanderungsland sei, obwohl weltweit mit die höchsten Zuwanderungszahlen zu verzeichnen waren. Dieser Widerspruch musste zu merkwürdigen Stimmungslagen führen. Hinzu kam, dass Politiker im Laufe der Jahrzehnte immer wieder ähnliche Parolen – ob bewusst oder unbewusst – lieferten, die jetzt nicht nur von PEGIDA aufgegriffen werden. So warnte beispielsweise die CSU 1998 im Bundestagswahlkampf vor einer «Islamischen Republik Deutschland». PEGIDA-Vertreter beriefen sich auch auf ein Zitat von Bundeskanzlerin Merkel, wonach Multikulti gescheitert sei.

IX. Zukunftsperspektiven von Einwanderung und Asyl

91. Werden in Zukunft mehr Flüchtlinge und Migranten zu uns kommen? Solange es Bürgerkriege, Kriege, Menschenrechtsverletzungen, Not und Armut auf der Welt gibt, werden weiterhin viele Flüchtlinge versuchen nach Europa zu kommen. Prognosen darüber, wie viele es genau sein werden, stehen aber auf wackeligen Beinen. UNHCR hat ausgerechnet, dass schon jetzt in jeder vierten Sekunde ein Mensch auf der Welt gezwungen ist zu fliehen. Kaum einer hätte damit gerechnet, dass so viele Syrer ihre Heimat würden verlassen müssen. Falls sich die Lage im Libanon, wo die syrischen Flüchtlinge fast ein Viertel der gesamten Bevölkerung ausmachen, zuspitzt, werden sich mit ziemlicher Wahrscheinlichkeit weitere von ihnen auf den Weg nach Europa machen. Insgesamt ist nicht nur in Deutschland ein Paradigmenwechsel notwendig – man wird sich darauf einstellen müssen, dass die Zahl der Flüchtlinge und Asylbewerber auf Dauer relativ hoch bleiben wird.

Weltweit steigt die Zahl der Umweltflüchtlinge. Experten gehen davon aus, dass durch den Anstieg des Meeresspiegels die Menschen in den Küstenregionen stark betroffen sein werden. Nach einem Szenario sind 145 Millionen Menschen bedroht, wenn der Meereswasserspiegel um einen Meter ansteigt. Drei Viertel davon leben in Ost- und Südostasien. Mancherorts müssten ganze Dorfgemeinschaften umgesiedelt werden. Die Malediven erwägen bereits, dafür Land in anderen Staaten zu kaufen. Die Schätzungen über die Anzahl der Menschen, die wegen des Klimawandels gezwungen sein werden, ihre Heimat zu verlassen, reichen von 200 Millionen bis zu einer Milliarde. Man sieht: Es sind Schätzungen, keiner weiß genau, wie viele es sein werden. Sicher ist aber, dass sie sich nicht alle auf den Weg in die reichen Industrieländer machen werden. Wie soll das auch passieren, wie soll jemand von Bangladesch nach Deutschland kommen und dann noch aufgenommen werden?

Durch die Genfer Flüchtlingskonvention und andere Abkommen werden Umwelt- und Klimaflüchtlinge nicht erfasst. Der Status von diesen Flüchtlingen sollte dringend geklärt werden. Die Vereinten Nationen könnten hier eine wichtige Rolle spielen. Sicher ist aber, dass wir in Europa oder in Amerika nicht Millionen von Umweltflüchtlingen aufnehmen könnten.

Es geht nach wie vor darum, Fluchtursachen wie eine Klimakatastrophe zu beseitigen. Wie schwierig und unbequem das für die Industrienationen ist, können wir bei den Klimaschutzkonferenzen verfolgen. Ein Scheitern der internationalen Konferenzen hätte gravierende Auswirkungen auf die weltweiten Flüchtlingszahlen, so viel ist sicher. Wir brauchen eine radikale Energiewende, die Reduzierung der Emissionen und Gelder für die betroffenen ärmsten Länder, die sich nicht wie wir, beispielsweise durch den Bau von Dämmen und Deichen, auf die Auswirkungen des Klimawandels einstellen können.

Wie es mit der Arbeitsmigration weitergeht, ist unklar. Es war nicht damit zu rechnen, dass so viele Menschen aus den Krisenländern Griechenland, Spanien oder Italien in den letzten Jahren Arbeit in Deutschland suchen würden. Ungewiss bleibt auch, wie lange sie bleiben werden und ob es Deutschland im internationalen Wettbewerb gelingt, dringend gesuchte Fachkräfte und andere Arbeitskräfte beispielsweise im Pflegebereich ins Land zu holen.

92. Ist Deutschland verstärkt auf Einwanderung angewiesen?

Die Entwicklung zu einer schrumpfenden und alternden Gesellschaft können Zuwanderer nicht mehr rückgängig machen. Der Zug in Richtung «älter, weniger und bunter» ist längst abgefahren. Einwanderung kann diese Probleme nicht lösen, aber abmildern. Deshalb ist Einwanderung geradezu ein «Glücksfall» für Deutschland, trotz aller Probleme und Schwierigkeiten. Auf den Zusammenhang zwischen demographischer Entwicklung und Einwanderung hat bereits vor 20 Jahren Bundesinnenminister Wolfgang Schäuble (CDU), damals noch Kanzleramtschef, in einem Aufsatz unter der Überschrift «Älter und weniger» hingewiesen. Schäuble sagte «einen empfindlichen Mangel an Nachwuchs – und später an Arbeitskräften in allen Bereichen von Wirtschaft und Gesellschaft» voraus. Er forderte Gegenmaßnahmen in der Familienpolitik, stellte aber fest: «Langfristig werden wir nicht umhin können, die Schrumpfung der deutschen Bevölkerung zumindest teilweise durch einen verstärkten Zuzug von Ausländern auszugleichen.» Diese vorausschauenden Erkenntnisse blieben allerdings ohne politische Konsequenzen.

Um die demographische Krise zu meistern, müsste man nur noch Kinder einwandern lassen, was natürlich genauso absurd ist. Einwanderung ist schon deshalb kein Allheilmittel gegen eine schrumpfende Gesellschaft, weil Zuwanderer auch älter werden und sich ihre Geburtenrate der Aufnahmegesellschaft angleicht. In diesem Sinne integrieren sich die Einwanderer, was aber auch wieder unerwünscht ist. Zunächst einmal geht es darum, das inländische Erwerbspotential voll auszuschöpfen, die Söhne, Töchter und Enkel der einstigen «Gastarbeiter» besser auszubilden und sie als «Schatz» in einer immer älter werdenden Gesellschaft zu begreifen. Die «demografische Entwicklung» war lange Zeit kein Thema in Deutschland. Erst in den letzten Jahren ist sie ins Bewusstsein gerückt. In Rheinland-Pfalz gibt es eigens ein Ministerium für Soziales, Arbeit, Gesundheit und Demografie.

Die demografische Entwicklung hängt von drei wichtigen Prozessen ab: den Geburten, den Sterbefällen und dem Ergebnis der Zu- und Abwanderungen. Deutschland zählt bereits seit der Mitte der 1970er Jahre weltweit zu den Ländern mit einer sehr niedrigen Geburtenrate, die jetzt, rein rechnerisch gesehen, bei 1,36 Kindern pro Frau liegt. Um den Bevölkerungsbestand aufrecht zu erhalten, müsste jede Frau, rein statistisch gesehen, im Durchschnitt 2,1 Kinder zur Welt bringen. Nur die grafische Darstellung der Altersstruktur für das Jahr 1990 lässt noch eine Alterspyramide erkennen. Man spricht aber auch schon von einem «zerzausten Tannenbaum». Die Zahl der jungen Menschen nimmt immer mehr ab, die der Alten dagegen zu. Die Zahl der Erwerbspersonen schrumpft. Die Alterspyramide von 2060 sieht dann, wie böse Zungen sagen, schon eher wie eine Urne aus. Falls die Bevölkerung um ein Viertel schrumpft, hätte dies katastrophale Folgen für die Industrieländer, für die Renten-, Kranken- oder Pflegeversicherung, für den Bestand von Kindergärten und Schulen. Insgesamt naht in Deutschland die Zeit, in der nicht mehr vier Erwerbstätige einen Rentner «ernähren» müssen, sondern auf einen Erwerbstätigen ein Rentner kommt. Bundesweit fehlen heute schon 30 000 Pfleger. Prognosen gehen davon aus, dass diese Zahl bis 2030 auf etwa 200 000 bis eine halbe Million ansteigen wird. Die Bundesregierung versucht deshalb schon, Pfleger in den Philippinen, Tunesien, Serbien, Bosnien-Herzegowina, China, Vietnam und Indonesien anzuwerben. Die ersten Pflegekräfte aus China sind schon da.

Das Institut der deutschen Wirtschaft machte im April 2015 auf das Problem des Ingenieurmangels aufmerksam: Allein 2015 gehen bundesweit 41 400 Ingenieure in den Ruhestand. Bis zum Jahr 2029 müssen rund 700 000 Ingenieure ersetzt werden, was mehr als 40 Prozent des Ingenieurbestands entspricht. Ohne Einwanderer lässt sich nach Auffassung des Instituts der Ingenieurmangel nicht beheben.

Der demografische Wandel führt nicht nur zur Schrumpfung und Alterung der Erwerbspersonen in Deutschland, unter denen sich Mitte des nächsten Jahrzehnts fast 30 Prozent Personen mit Migrationshintergrund befinden werden. Nach Angaben der Bundesagentur für Arbeit tut sich bis dahin eine Fachkräftelücke in Höhe von 5,5 Millionen Personen auf. Allein bis 2020 könnten bis zu 1,4 Millionen Fachkräfte im MINT-Bereich (Mathematiker, Informatiker, Naturwissenschaftler, Techniker) fehlen. Heute sind es schon 121 000.

Nach der 13. koordinierten Bevölkerungsvorausberechnung des Statistischen Bundesamtes, veröffentlicht am 28. April 2015, setzt sich der Trend «älter, weniger und bunter» fort. Die Statistiker bestätigen, welche wichtige Rolle die Nettozuwanderung bei der weiteren Bevölkerungsentwicklung spielt. Bei der letzten Vorausberechnung 2009 hatten sie nicht mit einer so hohen Einwanderung gerechnet und mussten deshalb ihre Zahlen korrigieren. Was die weitere Zuwanderung angeht, so ist der Präsident des Statistischen Bundesamtes, Roderich Egeler, allerdings skeptisch. Auch er weist darauf hin, dass die Nettozuwanderung – Zuzüge minus Fortzüge – in den letzten Jahren zu mehr als drei Viertel aus Europa und davon zu 94 Prozent aus der Europäischen Union stammt. Die ost- und südosteuropäischen EU-Staaten haben selbst stark alternde Bevölkerungen, aus diesem Grund sei künftig mit deutlich weniger Zuzug aus den derzeit wichtigsten Herkunftsregionen zu rechnen. Das Statistische Bundesamt untersucht die künftige Bevölkerungsentwicklung in zwei Szenarien mit unterschiedlichen Wanderungsannahmen. Die erste Variante geht von einem Abflachen der sehr hohen jährlichen Nettozuwanderung von 500 000 auf 100 000 Personen innerhalb von sechs Jahren bis zum Jahr 2021 aus. Anschließend bleibt der Wanderungssaldo aufgrund dieser Berechnung bei 100 000 Personen pro Jahr. Im zweiten Szenario wird angenommen, dass der jährliche Wanderungssaldo bis zum Jahr 2021 auf 200 000 Personen sinken und sich dann auf diesem Niveau verfestigen würde. Alles in allem kommt das Statistische Bundesamt zu folgenden Aussagen:

- «Die Bevölkerungszahl wird von heute 81 Millionen noch fünf bis sieben Jahre steigen und anschließend auf 68 bis 73 Millionen im Jahr 2060 zurückgehen.
- 2060 werden bei gleichbleibender Geburtenrate etwa 500 000 mehr Menschen sterben, als Kinder geboren werden.
- Die Bevölkerung im erwerbsfähigen Alter von 20 bis 64 Jahren wird bereits bis 2035 von aktuell gut 49 Millionen auf 41 bis 43 Millionen schrumpfen und dann bis 2060 auf 34 bis 38 Millionen zurückgehen.
- 2060 wird es mit 9 Millionen mehr als doppelt so viele 80-Jährige und Ältere geben wie heute.
- 65 Jahre oder älter ist heute jeder Fünfte, 2060 wird es jeder Dritte sein.
- 2060 werden 61 beziehungsweise 65 Personen im Rentenalter 100 Personen im Erwerbsalter von 20 bis 65 Jahren gegenüberstehen, im Jahr 2013 waren es 34 Personen. Beim Erwerbsalter 20 bis 67 Jahre wird dieser sogenannte Altenquotient im Jahr 2060 54 bis 57 betragen.»

Nicht nur Deutschland, ganz Europa ist von der demografischen Entwicklung betroffen und droht zum «Altersheim» zu werden. Man könnte es auf den Nenner bringen.»Das Boot ist nicht voll, es wird immer leerer!» Unter dieser Zukunftsperspektive sollten auch die jungen Flüchtlinge gesehen werden, von denen viele auf Dauer hier bleiben werden und von denen 10 Prozent einen Hochschul- oder Fachhochschulabschluss haben.

93. Brauchen wir ein Einwanderungsgesetz? Im Januar 2015 sorgte CDU-Generalsekretär Peter Tauber für Aufsehen, als er ein Einwanderungsgesetz forderte. Noch im Jahr 2004 wurde im Rahmen der Verabschiedung des Zuwanderungsgesetzes auf die Forderung der Unionsparteien hin der Paragraf 20 «Zuwanderung im Auswahlverfahren» gestrichen. Vorgesehen war, die Einwanderung nach einem Punktesystem zu steuern. Von dieser Möglichkeit wollte die Bundesregierung überhaupt erst in zehn Jahren Gebrauch machen. Zum ersten Mal in der Geschichte der Bundesrepublik Deutschland wäre Zuwanderung durch ein solches Auswahlverfahren möglich gewesen. Eine genau festgelegte Anzahl von qualifizierten Bewerbern sollte unabhängig von einem konkreten Arbeitsangebot – ausgerichtet nach den wirtschaftlichen Interessen Deutschlands – ins Land geholt werden können, orientiert an den Erfolgen klassischer Einwanderungsländer. Nach dem Entwurf hätten Bundestag und Bundesrat einem solchen Verfahren zustimmen müssen, so dass auf keinen Fall – wie von den Gegnern der Regelung unterstellt – mit diesem Paragrafen 20 Tür und Tor für eine erhöhte Zuwanderung geöffnet worden wäre. Auch eine Null-Zuwanderung wäre aus arbeitsmarktpolitischen Gründen möglich gewesen. In den Vermittlungsgesprächen wurden diese Pläne jedoch aufgegeben.

SPD, Grüne und FDP befürworteten Taubers Initiative, doch Bundesinnenminister de Maizière und der damalige Präsident des Bundesamtes für Migration und Flüchtlinge, Manfred Schmidt, lehnten sie ab. Zwar hat Deutschland in den letzten Jahren seine Migrationspolitik liberalisiert und sich auf den Weg zu einem Einwanderungsland gemacht, es fehlt jedoch an einem Einwanderungsgesetz. Ein solches Gesetz müsste von einem breiten Parteienkonsens getragen und nach einer ausführlichen öffentlichen Debatte verabschiedet werden. Das vorhandene Zuwanderungsgesetz ist auf jeden Fall unzureichend und könnte höchstens als Grundlage für ein Einwanderungsgesetz, das seinen Namen verdient, genutzt werden. Von den Gegnern eines Zuwanderungsgesetzes wird ins Feld geführt, dass ja schon alles genau geregelt sei. Das stimmt, aber darin liegt auch das Problem. Haargenau und bürokratisch bis ins letzte Detail festgeschrieben, sind die zahlreichen Bestimmungen selbst für Fachleute kaum noch zu durchschauen. Ein übersichtliches Zuwanderungsgesetz mit einfachen, klaren Bestimmungen wäre deshalb hilfreich. Wie sehr weiterhin Flickschusterei betrieben wird, zeigte die Abstimmung im Bundestag am 2. Juli 2015. Die entsprechenden gesetzlichen Bestimmungen lagen seit einem Jahr auf dem Tisch bzw. in der Schublade, um dann im Eilverfahren noch vor der Sommerpause durch das Parlament «gepeitscht» zu werden, damit sie noch im Laufe des Jahres in Kraft treten konnten.

94. Ist Kanada ein Vorbild für Deutschland? Immer wieder taucht in der migrationspolitischen Diskussion Kanada mit seinem Punktesystem für Einwanderer als Vorbild für Deutschland auf, immer wieder reisen deutsche Politiker dorthin, um sich das «Modell» anzuschauen. Selbst Bundespräsident Joachim Gauck informierte sich 2014 vor Ort. Bis zu einem gewissen Grad handelt es sich dabei um einen Mythos. Es wird übersehen, dass die Kanadier ihr Punktesystem bereits geändert haben und dabei sind, weitere Veränderungen in ihrer Einwanderungspolitik vorzunehmen. Auch in Kanada haben Einwanderer Schwierigkeiten einen ihrer Qualifikation entsprechenden Arbeitsplatz zu finden. Trotz Punktesystems gibt es auch dort den Arzt, der Taxi fährt. Die Arbeitslosigkeit unter Migranten ist fast 50 Prozent höher als die von im Land geborenen Kanadiern. Im Lande selbst wird die Migrationspolitik von Wissenschaftlern kritisiert, die befürchten, dass Kanada seinen internationalen Ruf als «Top-Einwanderungsland» verliert. Der kanadischen Regierung wird vorgeworfen, neue Bestimmungen seien «unfair» gegenüber Migranten und ihren Familien und würden Kanada weniger attraktiv für Zuwanderer machen. Vor allem die Flüchtlingspolitik wird angeprangert, weil Kanada zu wenige Flüchtlinge aus Syrien aufnehme. In Kanada ist also auch nicht alles Gold, was glänzt. Eine jährliche Quote für die Einwanderung festzulegen und nach einem System – Bildungsgrad oder Sprachkenntnissen – Punkte zu vergeben, das kann zwar Stoff für die Diskussion in Deutschland sein, ist aber kein «Allheilmittel» für das Einwanderungsland Deutschland und seinen Arbeitskräftemangel. Vorbild kann Kanada aber insofern sein, als es Einwanderung immer als Bereicherung gesehen hat. Seit 1988 besteht dort ein Gesetz, das Multikulturalismus als «unschätzbare Ressource» für Kanadas Zukunft ansieht und verlangt, die Freiheit aller anzuerkennen, ihr kulturelles Erbe zu bewahren, zu teilen und zu fördern. Alle Regierungen haben an diesem Konzept einer multikulturellen Gesellschaft festgehalten und es als Selbstverständnis des Landes begriffen.

95. Was wird aus den Gastarbeiterrentnern? Im Rentenalter wollen viele «Gastarbeiter» in die «alte Heimat» zurück, die aber längst zur Fremde geworden ist. Auch in Deutschland finden sie sich oft nicht zurecht und sprechen schlecht Deutsch. Wo ist also für die 1,5 Millionen «Gastarbeiterrentner» die Heimat? Wie es der türkischstämmige Journalist Cüneyt Özadali formuliert: «Nach 60 Jahren Einwanderungsgeschichte ist mittlerweile Heimat dort, wo die ganze Familie lebt, und dort, wo man stirbt. Und das ist Deutschland.»

Die Zahl der «Gastarbeiterrentner» wird sich bis 2030 schätzungsweise auf drei Millionen verdoppeln. Das wird zunehmend eine Herausforderung für die Sozialpolitik und die Altenheime.

Auch mit der deutschen Friedhofsordnung gibt es Probleme, wenn Muslime nach ihren Glaubensvorschriften beerdigt werden wollen. In vielen Orten ist man jedoch dabei, die Voraussetzungen dafür zu schaffen.

96. Was ist die Willkommens- und Anerkennungskultur? In den letzten Jahren wird in Deutschland viel von Willkommenskultur gesprochen. Der Begriff ist fast schon inflationär geworden. Im Grunde genommen geht es darum, im Einwanderungsland Deutschland neue Zuwanderer – wie der Name schon sagt – Willkommen zu heißen, ihnen bei der Integration zu helfen. Dabei sollen die Chancen und Fähigkeiten der Einwanderer gesehen und die problemorientierten Sichtweisen verlassen werden. Das Konzept der Willkommenskultur wendet sich damit an die Aufnahmegesellschaft und nicht wie bisher vor allem an die Migranten. Neben den Angeboten für Neuzuwanderer spricht man von einer Anerkennungskultur, d. h., die Leistungen der Einwanderer, die schon da sind, sollen honoriert werden. Der Begriff der Willkommenskultur wird somit zu einer Willkommens- und Anerkennungskultur erweitert. In der Praxis besteht die Gefahr, dass der Begriff zur Worthülse verkommt. Er muss mit Inhalt gefüllt und gelebt werden. Dazu gehört auch die interkulturelle Öffnung in der Verwaltung und auf Ämtern. Inzwischen sind bereits Willkommenszentren entstanden, die sich aber in erster Linie um die hochqualifizierten neuen Einwanderer kümmern, die dringend gebraucht werden. Wichtig wäre es jedoch, auch Flüchtlinge willkommen zu heißen und in das Konzept einer Willkommenskultur mit einzubeziehen, gerade angesichts einer großen Hilfsbereitschaft für Asylbewerber im Herbst 2015.

97. Was ist Diversity Management? Eine Einwanderungsgesellschaft muss lernen mit Diversity – Vielfalt – umzugehen. Dazu werden in Deutschland erste Ansätze von Diversity Management entwickelt, also ein Konzept zur Förderung personeller Vielfalt in Unternehmen. Der Ansatz soll Vorteile wie einen wirtschaftlichen Gewinn bringen. Der wichtigste Gedanke von Diversity Management ist, «ein Arbeitsumfeld zu schaffen, in dem alle Beschäftigten ihre individuellen Kompetenzen in einem von Offenheit und Inklusion gezeichneten Klima unabhängig von persönlichen Merkmalen voll entfalten können», wie es Andreas Merx, Experte auf diesem Gebiet, ausdrückt.

98. Welche Rolle spielt die kommunale Integrationspolitik? «Aus den Wanderarbeitern der sechziger Jahre wurden ausländische Dauerarbeitnehmer. De facto ist die Bundesrepublik Deutschland zu einem Einwanderungsland geworden.» Diese Feststellung stammt nicht etwa aus einem Integrationsbericht dieser Tage, sondern aus einer 400 Seiten starken «Ausländerstudie» der Stadt Stuttgart aus dem Jahr 1976. Bereits vor über 30 Jahren zog die Landeshauptstadt aus dieser Erkenntnis die entsprechenden Konsequenzen in der kommunalen Ausländerpolitik und leitete auf zahlreichen Gebieten wie bei den Kindertagesstätten Maßnahmen ein, die Ausländern und Deutschen zugutekamen. Die Grundlagen für die heutige Integrationspolitik in Stuttgart wurden frühzeitig unter Oberbürgermeister Manfred Rommel (CDU) gelegt, der von 1974 bis 1996 die Geschicke der Stadt lenkte. Stuttgart gilt seit vielen Jahren aufgrund dieser vorausschauenden lokalen Integrationspolitik als Leuchtturm für die Städte und Gemeinden in Deutschland, was auch Rommels Nachfolger Wolfgang Schuster (CDU) und dem Integrationsbeauftragten der Stadt, Gari Pavcovic, zu verdanken ist.

Viele Kommunen sind inzwischen diesem Beispiel gefolgt und haben lokale Integrationskonzepte entwickelt. Integration wurde beispielsweise in Solingen oder im Landkreis Hersfeld-Rotenburg als Querschnittsaufgabe in der Verwaltung verankert. Die Rahmenbedingungen, die die Bundesländer und der Bund vorgeben, schränken die Handlungsspielräume der Städte allerdings ein. So haben sich auch auf kommunaler Ebene das jahrzehntelange Leugnen der Wirklichkeit eines Einwanderungslandes und die damit verbundene unzureichende Förderung der Kommunen ausgewirkt. Sicher ist, dass die Kommunen als «Integrationsmaschinen» eine wichtige Aufgabe erfüllen, nicht nur bei der Unterbringung von Flüchtlingen, sondern zum Beispiel auch im Kindergarten-, Schul- oder Freizeitbereich. In der Einwanderungsgesellschaft wird der kommunalen Integrationspolitik künftig eine noch größere Bedeutung zukommen.

99. Kann der Sport die Integration beflügeln? Der Sport, insbesondere der Fußball, gilt als ein Paradebeispiel für multikulturelle Vielfalt. Beim EM-Turnier 2012 bestand etwa ein Drittel der deutschen Fußballnationalmannschaft aus Spielern mit ausländischen Wurzeln, wie Mario Gomez oder Sami Khedira.

Beim «Sommermärchen» der WM 2006 zeigten deutsch-türkische

Fußballfans öffentlich, dass ihr Herz sowohl für die deutsche als auch für die türkische Mannschaft schlägt. Die Weltmeisterschaft gewann Deutschland 2014 mit einem Multi-Kulti-Team: Jérome Boatengs Vater stammt aus Ghana, Lukas Podolski aus Polen. Bundeskanzlerin Angela Merkel gratulierte 2010 Mesut Özil in der Mannschaftskabine zum Sieg der deutschen Fußballnational-Elf gegen die Türkei.

Auch immer mehr Spieler der Junioren-Auswahlmannschaft des Deutschen Fußballbundes (DFB) haben Migrationshintergrund. Der Manager der deutschen Nationalmannschaft, Oliver Bierhoff, stellt fest: «Spieler, die einen anderen kulturellen Hintergrund haben, bringen andere Charaktere mit, eine andere Spielauffassung, eine andere Lebensphilosophie – und das bereichert uns.» Der frühere DFB-Präsident Dr. Theo Zwanziger bezeichnete den Fußball als wichtigen gesellschaftlichen Integrationsmotor: «Die große Wirkung entfachen in erster Linie nicht Projekte, sondern das, was an der Basis geschieht. Für eine kluge Integrationsstrategie braucht man den Sport.»

Der Sport als Vorbild für Toleranz und Völkerverständigung hat allerdings auch seine Schattenseiten mit den rassistischen Provokationen in den Fußballstadien. Verschiedene Aktionen des DFB setzen sich für Integration und gegen Rassismus ein. «Integration durch Sport» heißt ein Programm des Deutschen Olympischen Sportbundes (DOSB). Auch auf regionaler und lokaler Ebene bestehen sportliche Integrationsprogramme. So hat der Landessportverband Baden-Württemberg mit Integrationsministerin Bilkay Öney eine feste Kooperation vereinbart, in der auch Migrantenorganisationen, Verbände und Vereine einbezogen sind. Der Sport ist seit Langem zu einem Synonym für Multikulturalität, Völkerverständigung und Toleranz geworden. Es darf aber nicht darüber hinweg täuschen, dass Menschen mit Migrationshintergrund – mit Ausnahme vom Fußball – in den Sportvereinen unterrepräsentiert sind. Rassistische Provokationen sind leider auch auf und neben dem Spielfeld keine Seltenheit. Im Sport sind Prozesse der Integration genauso möglich wie Prozesse der Ausgrenzung, betont der Sportwissenschaftler Klaus Seiberth. Integration ist nach seiner Beobachtung kein Automatismus des Sports, sondern hängt in hohem Maße von den konkreten Rahmenbedingungen vor Ort ab, also den Vereinen selbst. Es braucht konkrete Ziele, tragfähige Konzepte, spezifische

Angebote und vor allem Personen, die sich für das Thema begeistern und einsetzen.

100. Ist die Zeit reif für ein Migrationsmuseum bzw. ein Denkmal für die Gastarbeiter?

Landauf, landab wurde in den letzten Jahren mit Ausstellungen an die Einwanderung der ehemaligen «Gastarbeiter» erinnert. Mit regionalen Bezügen knüpften die Städte und Gemeinden dabei oft an die Jubiläen der Anwerbeabkommen an. Die Themen Zuwanderung und Integration sind also offensichtlich inzwischen in der «Erinnerungskultur» in Deutschland angekommen. Dadurch wird ein wichtiger Beitrag zum Abbau von kulturellen Missverständnissen und Vorurteilen geleistet. Es wäre aber zu wünschen, dass die Ein- und Auswanderungsgeschichte noch viel stärker in den Heimatbüchern, auf regionaler und lokaler Ebene und in den Museen verankert wird. Die Zeit ist reif für ein Denkmal, das an die Einwanderung der «Gastarbeiter» nach dem Zweiten Weltkrieg erinnert, denen das Land so viel zu verdanken hat. Dabei könnte deutlich gemacht werden, dass das Wirtschaftswunder im Nachkriegsdeutschland und der Aufbau der Sozialsysteme nicht ohne die «Gastarbeiter» erreicht worden wären.

Ein Denkmal wäre also mehr als gerechtfertigt. Schließlich wäre es auch an der Zeit, ein Migrationsmuseum in Deutschland einzurichten. Konkrete Pläne für ein solches Museum unter der Schirmherrschaft der früheren Bundestagspräsidentin Rita Süssmuth hat im April 2015 «DOMiD – Dokumentationszentrum und Museum über die Migration in Deutschland» in Köln vorgelegt.

101. Was können wir selber tun?

«Was die Menschen verwirrt, sind nicht die Tatsachen, sondern die Meinungen über die Tatsachen», hat der griechisch-römische Philosoph Epiktet, gestorben 330 n. Chr., gesagt. Dies gilt besonders für das Thema «Einwanderung und Asyl». Es kommt darauf an, sich zu informieren, die Daten und Fakten zur Kenntnis zu nehmen und nicht den Meinungen, die damit oft verbunden werden, zu glauben. Rattenfängern mit ihren Parolen wie «Das Boot ist voll» sollte man nicht folgen. Politik und Medien spielen eine wichtige Rolle. Man kann beispielsweise Leserbriefe schreiben und sich auch an der Diskussion im Internet beteiligen. Die Internetseite «Flüchtlinge-Willkommen.de» etwa vermittelt Wohnungen für Flüchtlinge und bietet eine Ausbildungs- und Arbeitsplatzbörse an. Die Landesregierung von Baden-Württemberg hat ein Handbuch für ehrenamtliche Helfer in der Flüchtlingsarbeit herausgegeben. Mit Politikern auf Lokal-, Landes- und Bundesebene kann man bei Veranstaltungen diskutieren und Lösungsansätze einfordern. Die Mehrzahl der Migrantinnen und Migranten in Deutschland lebt schon lange im Lande. Oftmals bestehen immer noch wenig Kontakte zwischen Einheimischen und Zugewanderten sowie ihren Kindern, die hier geboren und aufgewachsen sind. Nachbarschaftliche Begegnungen können verstärkt und insgesamt ein offener Dialog über das «Reizthema» Einwanderung in Gang gebracht werden. Besonders den Flüchtlingen vor der «Haustür» kann man ganz konkret helfen. Spenden für Hilfsorganisationen sind eine weitere Möglichkeit. Wer sich für die Migranten engagiert, der profitiert aber auch selbst, denn wenn man mit Flüchtlingen spricht und von ihrem Schicksal erfährt, relativieren sich unsere Probleme in einem der reichsten Länder der Welt.

Wo kann man sich am besten über Einwanderung und Asyl informieren?

Links

Neueste Zahlen und weitere statistische Angaben finden sich beim *Statistischen Bundesamt*: www.destatis.de/DE/Startseite.html
Studien, rechtliche Bestimmungen, Zahlen beim *Bundesamt für Migration und Flüchtlinge* (bamf): www.bamf.de/DE/Startseite/startseite-node.html
Antworten auf viele detaillierte Fragen, kritische Hintergrundberichte und wissenschaftliche Erkenntnisse unter: www.mediendienst-integration.de/
Besonders zum Thema Asyl: *PRO ASYL*: www.proasyl.de/
Dazu auch *Flüchtlingshilfswerk der Vereinten Nationen*: www.unhcr.de
Zur Migration allgemein: *Internationale Organisation für Migration*: www.iom.int
Tagesaktuelle Internetseite mit viel Hintergrundmaterial bei *SWR International*: www.swr.de/international
Wissenschaftliche Untersuchungen und aktuelle Studien bei: www.rat-fuer-migration.de/
Sachverständigenrat deutscher Stiftungen für Integration und Migration (SVR): www.svr-migration.de/
Bertelsmann-Stiftung: www.bertelsmann-stiftung.de/de/startseite/
Stiftung Wissenschaft und Politik: www.swp-berlin.org/
Heinrich Böll Stiftung: www.boell.de/
Die *Amadeu Antonio Stiftung* setzt sich gegen Rechtsextremismus, Rassismus und Antisemitismus ein. www.amadeu-antonio-stiftung.de
Zur Frage, wie man helfen kann: www.flüchtlinge-willkommen.de
Das Handbuch für ehrenamtliche Helfer kann man herunterladen: http://www.fluechtlingshilfe-bw.de
Caritas: www.caritasinternational.de
Diakonie: www.diakonie.de/
Mit Fragen, Herausforderungen in der europäischen Politik beschäftigt sich eine «Denkfabrik» mit Sitz in Brüssel: *CEPS*: www.ceps.be/
Internationale Vergleiche bei der *OECD*: www.oecd.org
Zu Migration und Bevölkerung: www.migration-info.de
Weiterführendes Material kostengünstig bei den *Landeszentralen für Politische Bildung* bzw. bei der *Bundeszentrale für Politische Bildung*: www.bpb.de/

Bücher

Beiträge von namhaften Autoren aus ganz Deutschland zum Einwanderungsland: Karl-Heinz Meier-Braun, Reinhold Weber (Hrsg.): Deutschland Einwanderungsland. Begriffe – Fakten – Kontroversen. Stuttgart: Kohlhammer 2013
Autorinnen und Autoren schreiben über das Zusammenleben im Einwanderungsland Deutschland: Dorte Huneke (Hrsg.): Ziemlich deutsch. Betrachtung

aus dem Einwanderungsland Deutschland. Bonn: Bundeszentrale für politische Bildung 2013

Was wäre Deutschland ohne Ausländer – dazu haben ein Buch geschrieben: Pitt von Bebenburg, Matthias Thieme: Deutschland ohne Ausländer. Ein Szenario. München: Redline Verlag 2012

Eine erste Analyse zu PEGIDA liefern: Lars Geiges, Stine Marg, Franz Walter: PEGIDA. Die schmutzige Seite der Zivilgesellschaft? Bielefeld: Transcript Verlag 2015

Friedrich Heckmann hat den klassischen Integrationsbegriff in Deutschland geprägt. Sein neuestes Buch ist erschienen unter dem Titel: Friedrich Heckmann: Integration von Migranten. Einwanderung und neue Nationenbildung. Wiesbaden: Springer VS 2015

Wer sich für den Islam interessiert, dem seien zwei Bücher empfohlen: Bülent Ucar, Rauf Ceylan (Hrsg.): Islam und Diaspora. Analysen zum muslimischen Leben in Deutschland aus historischer, rechtlicher sowie migrations- und religionssoziologischer Perspektive. Frankfurt/M.: Peter Lang GmbH 2012

Ursula Spuler-Stegemann: Die 101 wichtigsten Fragen. Islam. München: Verlag C.H.Beck 2007

Auf die globale Migration, über den Tellerrand Deutschland hinaus, schaut: Jochen Oltmer: Globale Migration. Geschichte und Gegenwart. München: Verlag C.H.Beck 2012

Mit dem Thema Roma und der sogenannten Armutswanderung aus Südosteuropa beschäftigt sich: Max Matter: Nirgendwo erwünscht. Zur Armutsmigration aus Zentral- und Südosteuropa in die Länder der EU 15 unter besonderer Berücksichtigung von Angehörigen der Roma-Minderheit. Schwalbach/Ts.: Wochenschau Verlag 2015

Karin Hunn hat eine Geschichte der türkischen Gastarbeiter geschrieben: Karin Hunn: «Nächstes Jahr kehren wir zurück» – Die Geschichte der türkischen «Gastarbeiter» in der Bundesrepublik. Göttingen: Wallstein Verlag 2005

Zum Rechtsextremismus: Andreas Zick, Anna Klein: Fragile Mitte – Feindselige Zustände – Rechtsextreme Einstellungen in Deutschland 2014. Herausgegeben für die Friedrich-Ebert-Stiftung von Ralf Melzer. Bonn: J. H. W. Dietz 2014

Zu den Heimatvertriebenen nach dem Zweiten Weltkrieg: Andreas Kossert: Kalte Heimat. Die Geschichte der deutschen Vertriebenen nach 1945. München: Siedler Verlag 2008

Matthias Beer: Flucht und Vertreibung der Deutschen. Voraussetzungen, Verlauf, Folgen. München: Verlag C.H.Beck 2011

Ein Plädoyer für ein radikales Umdenken in der Flüchtlings- und Einwanderungspolitik: Heribert Prantl: Im Namen der Menschlichkeit. Rettet die Flüchtlinge! Berlin: Ullstein Buchverlage 2015

Deutschland findet sich neu statt «Deutschland schafft sich ab» – unter dem Motto steht: Annette Treibel: Integriert Euch! Plädoyer für ein selbstbewusstes Einwanderungsland, Frankfurt a. M.: Campus Verlag 2015